OPEN HEAVEN

기도를 권장하고, 선교를 일으키며, 하늘을 열기 위한

OPEN HEAVEN

로버트 리브 지음 | 양혜정 옮김

ANCHOR PUBLISHING & MEDIA

OPEN HEAVEN

초판 1쇄 | 2014년 3월 5일

지은이 | 로버트 리브
펴낸이 | 김정미
옮긴이 | 양혜정
윤문 | 이상희
표지디자인 | Jane Park
펴낸곳 | 앵커출판&미디어
출판등록 | 2011년 5월 18일 제 2011-000030호
주소 | 서울시 강북구 수유동 469-171
대표전화 | 010-4804-0806
이메일 | anchorpnm@gmail.com

ISBN 978-89-967297-1-6 03230

* 이 책은 저작권법에 따라 보호받는 저작물이므로 무단전재와 무단복제를 금합니다.
* 책값은 뒤표지에 있습니다.

이 위대하고 창조적인 기도,
하나님과의 이 친밀한 대화,
이것은 예술이다.
Magna ars est conversari cum Deo!

토마스 아 켐피스(Thomas a Kempis)

기도의 사람인 가브리엘 예리마(Gabriel Yerima)와
아프리카, 아시아, 남미에서 일어나고 있는
모든 중보 기도자들에게 드립니다.
또한 나의 웨일즈 선조들과 2012년 8월
월드 호라이즌(World Horizons) 30주년을
축하하는 모든 분들께 드립니다.

로버트 리브(Robert Reeve)

기도는 우리의 마음이 하나님의 말씀과 입술의 고백에 동의하는 것이다.

_존 뉴튼(John Newton)

기도 안에서는 가장 높은 것과 가장 낮은 것이 공존한다.
즉 가장 낮은 우리의 마음과 가장 고귀한 하나님이 만나는 것이다.

_요한 안드트(Johann Arndt)

기도는 성직자에게 필요한 첫째요, 둘째요, 셋째다.
그러니 형제여 기도하라, 기도하라, 기도하라!

_에드워드 페이슨(Edward Payson)

내가 매일 아침 두 시간씩 기도하지 못하면 사탄이 그날의 승리자가 된다.
나는 날마다 세 시간씩 기도해야 내 일들을 감당해낼 수 있다.
기도를 잘 한 사람은 공부를 잘 한 것이다.

_루터(Luther)

기도의 사람이 아니고는 아무도 하나님을 위해 위대한 일을
지속적으로 하지 못하며, 기도에 많은 시간을 들이지 않고서는
아무도 기도의 사람이 되지 못한다.

_E. M. 바운즈(E. M. Bounds)

오직 '죄' 만을 두려워하며, 하나님 외에는 아무 것도 바라지 않는
백 명의 설교자를 나에게 달라. 그들이 성직자든 평신도든 상관없다.
그런 사람들만이 지옥의 문을 흔들고 이 땅에 하나님의 나라를
세울 것이다. 하나님은 오직 기도에 대한 응답으로만 일하신다.

_존 웨슬리(John Wesley)

교회가 배워야 할 한 가지가 있다면, 자녀들의 모든 기도에
응답을 계획하신 하나님을 온전히 그려보는 것이다.
하나님은 모든 기도를 듣고 계신다.

_앤드류 머리(Andrew Murray)

기도는 단지 사람이 하나님의 뜻을 하나님 앞에서 말하는 것이다.

_워치만 니(Watchman Nee)

십자가의 사건에서 중보 기도가 시작된다.

_노만 그럽(Norman Grubb)/리즈 하월즈(Rees Howells)

기도는 언어의 가장 높은 수준의 표현이다.
기도를 멈추는 것은 곧 기노의 실패를 뜻한다.

_ 포사이트(Forsyth)

| 추천의 글 1 |

주님과 함께하는 즐거움을 누리자

이재환 | 온누리교회 선교훈련원 원장, Come Mission 국제대표

로버트 리브 선교사의 국적은 'Inter-national'이다. 태어나기는 영국에서 태어났지만 주님을 만난 후 선교사가 되어 온 세상의 사람이 되었다. 오랫동안 월드 호라이즌에 속한 선교사로 프랑스를 비롯해 불어권 아프리카 곳곳을 다니며 선교활동을 했다. 그의 가정도 국적이 없다. 아내는 스위스 태생이고, 아이들은 프랑스 시민권을 갖고 있다. 그의 일터는 국경이 없다. 온 세상이 그의 일터이다.

10년 전에 로버트 선교사를 만났을 때, 선교를 향한 그의 열정과 해박한 선교 지식에 큰 감명을 받았다. 그리고 바로 친구가 되었다. 나뿐만 아니라 그를 만나는 사람은 금방 친구가 된다. 그는 부드럽고 코믹하며 선교에 미친 선교 전문가이다. 무엇보다 하나님의 일이라면 물불을 가리지 않는다. 참으로 자랑스러운 국제적 인물이다.

로버트 선교사는 뼛속까지 선교사이다. 삶과 사역이 하나이기에 더욱 아름다운 사람이다. 주님의 제자로서 모델이 되는 선교사이다. 아프리카의 피그미족 안에도 그가 있고, 이디오피아의

미전종 종족 안에서도 그를 발견할 수 있다. 복음이 필요한 지역이면 그는 어디든지 간다. 영혼을 사랑하는 아버지 같은 사람이며 연민과 애정으로 가득 찬 미전도 부족 선교사이다. 그는 또한 기도의 사람이다. 깊이 기도한다. 뿐만 아니라 선교 전략가요, 만나면 만날수록 샘이 마르지 않는 우물 같은 사람이다.

흔히들 선교 책은 무거울 것이라는 선입견을 갖고 있지만 이 책을 드는 순간 잘못된 생각임을 바로 느낄 수 있다. 주님을 사랑하는 사람이라면 이 책이 얼마나 가치 있는지 알게 될 것이다. 로버트 선교사를 이 책을 통해 만나는 것은 우리에게 행운이다. 주님과 함께 사는 것이 얼마나 행복하며 일생을 주님께 드리는 것이 얼마나 큰 즐거움인지 발견하게 될 것이다. 남들이 걸어가지 않는 길을 걷는 개척자의 흥분을 함께 느끼는 것은 우리에게 특권이다.

주님을 더 깊이 더 진지하게 만나도록 인도해 주는 로버트 선교사에게 감사한다. 모든 이들에게 이 책의 일독을 권한다. 선교의 세계를 쉽게 여행하고, 가슴으로 하나님 나라를 사모하며, 로버트 선교사의 뜨거움을 함께 나눌 수 있는 기회가 될 것이다.

| 추천의 글 2 |

약함을 드러내는 법을 배운다

방선기 | 이랜드 사목, 직장사역연구소 소장

2010년 상해에서 열린 BAM 포럼에서 로버트 리브 선교사를 만났다. 영국인 목사가 프랑스에서 30년간 선교사로 사역했다는 점이 인상적이었다. 그의 메시지를 들으면서 선교의 열정과 성경에 대한 독특한 해석과 적용에 매료되었다. 2012년 프랑스에서 있었던 청년들의 수련회에서 다시 한 번 그를 만났다. 그때 그는 청년들에게 불어로 메시지를 전하고 있었다. 청년들을 향한 열정적인 도전과 역시 성경에 대한 독특한 해석에 또 한 번 매료되었다. 그런데 이번에는 한글로 번역된 책을 통해 리브 목사의 열정과 말씀에 대한 통찰력을 또 한 번 대하게 되었다.

이 책은 기도에 관한 책이다. 크리스천에게 기도는 무엇과도 바꿀 수 없는 중요한 것이다. 이 책을 통해서 리브 목사의 기도에 대한 이해를 알 수 있고, 하나님이 그의 기도를 들으시고 응답해 주시는 체험을 들을 수 있다. 그에게 기도는 생명이다. 리브 목사는 30년 가까이 프랑스와 불어권 아프리카에서 선교했던 선교사이기 때문에 선교에 대한 이야기가 빠질 수 없다. 그래서 이 책은 선교에 관한 책이다. 그가 선교하면서 경험했던 이야기는 흥미진

진하면서도 도전이 된다. 개인적으로 만나서 들었던 이야기를 이 책을 통해서 다시 들으니 새롭게 다가온다.

무엇보다도 이 책에서 그가 말씀을 선포하는 설교자로서 하나님의 말씀을 묵상하고 해석하고 적용하는 내용이 인상적이다. 때로는 이 말씀에서 어떻게 그런 것을 발견했는지 놀라게 되기도 한다. 라헬과 레아와 관련된 독특한 해석은 논란의 여지는 있겠지만 생각을 많이 하게 한다. 이 책의 주제인 기도에 대한 것이든, 선교에 대한 것이든 그는 철저히 하나님의 말씀에서 그 근거를 찾아서 전하고 있다.

이 책에 담겨 있는 귀중한 메시지들 중에서 가장 빛나는 보석을 마지막 장에서 발견했다. "너무나 자주 우리는 복음을 나눌 기회를 얻기 위해 사람들을 돕기 원한다. 그렇지만 어쩌면 우리는 복음을 전달하기 위해 좀 더 약함을 드러내놓는 법을 배워야 할지 모른다." 크리스천으로서 선교나 사역에 헌신하려는 사람들은 그의 도전을 반드시 기억해야 할 것이다. 이 말 한마디만으로도 이 책을 읽은 보람이 있다.

| 추천의 글 3 |

기도의 폭과 깊이를 확장하라

한철호 | 선교한국 파트너스 상임위원장

한 신학자는 기도란 '현상에 대한 반역'이라고 말했다. 즉 기도란 지금 눈앞에 일어나고 있는 비정상적인 일을 거부하고 하나님께서 원하시는 일들이 일어나도록 하나님께 아뢰는 것이다. 또한 기도는 믿음의 눈으로 이전에 보지 못했던 것들을 보고, 이전에 가지지 못했던 증거들을 가지고, 그것이 하나님으로 말미암아 이뤄지기를 간구하는 것이다. 이런 의미에서 중보기도는 우리 믿음의 행위 중에서 가장 아름답고 탁월한 일이다.

이 책은 성경과 역사 안에서 나타난 중보기도의 원리와 실제를 다루면서, 그리스도인들이 기도와 관련해 가지고 있는 왜곡된 시각과 상처를 해결하고 주님 앞에 나아가 바른 기도를 해야 한다고 말한다. 막연한 기대가 아니라 분명히 이루어질 일에 대해 확신하며 기도하는 것이다.

그리스도인이 가지고 있는 최고의 소망은 바로 주님의 재림이고, 주님의 재림이 이뤄지기 위해서는 "이 천국 복음이 모든 민족에게 증언되기 위하여 온 세상에 전파되리니 그제야 끝이 오리라"(마 24:14)라는 말씀처럼 온 세상에 복음이 전파되어야 한다.

따라서 우리가 집중해야 할 중보기도는 세계복음화이다. 중보기도가 개인의 필요나 이웃의 필요를 간구하는 것을 넘어 사회의 각 영역과 더 나아가 온 세상에 복음이 전파되는 일로 나타날 때 가장 아름다운 중보기도가 된다고 저자가 주장하는 이유가 바로 여기에 있다.

이런 의미에서 이 책은 지금 한국교회에 꼭 필요한 책이다. 오늘날 한국교회가 극복해야 할 것은 개인주의 영성이다. 나만 복 받으면 된다, 우리 교회만 잘되면 된다는 생각이 한국교회를 지배하고 있다. 교회의 영성을 뛰어넘는 개인의 영성은 존재하지 않는다. 한국교회 전체의 영성을 뛰어넘는 지역교회의 영성은 존재하지 않는다. 이제는 기도의 폭과 깊이를 확장해야 한다. 개인의 소망 성취를 넘어 하나님 나라가 이 땅에 임하는 소망을 위해 기도해야 한다.

이 책을 통해 하나님의 위대하심과 명성이 개인의 삶에서부터 시작해 온 세상에 확립되기 위해 어떻게 기도해야 할지 배울 수 있다. 하나님의 통치와 그의 나라를 사모하는 모든 크리스천들에게 우리의 기도가 어떻게 확장되어야 하는지 가르쳐 주는 최고의 지침서이다.

| 추천의 글 4 |

영적 우물에서 길어올린 말씀을 읽는다

성현경 | 뉴저지 가스펠 펠로우십교회 담임목사

로버트 리브, 그를 처음 만난 것은 1997년 웨일즈에서였다. 그곳에서는 그를 '로브 리브'라고 불렀다. 그때 그는 월드 호라이즌이라는 영국의 선교단체 리더로서 그곳에 훈련받으러 온 한국의 십대 학생들을 가르치고 있었다.

 런던이 서울이라면 그가 사역하던 웨일즈는 우리나라의 속초쯤 된다. 로브가 사역하는 마을 아주 가까이에 중보 기도자 리즈 하월즈가 살던 곳이 있다. 웨일즈는 평양의 첫 순교자 토마스 선교사를 파송한 곳이기도 하다. 그곳에서 로브 리브를 선교사로 만든 이는 리즈 하월즈의 중보 기도를 잇는 로우랜드 에반즈였다.

 로우랜드는 예수님을 믿자마자 중보 기도의 영을 받아 2년 넘게 중보 기도만 했다. 그 후 그는 작은 마을 학교 앞에서 복음을 전했는데, 다섯 초등학교 학급마다 70퍼센트가 넘게 예수님을 믿게 되어 학교마다 철야기도가 생기고 결국 선교 헌신자들이 일어나기 시작했다. 결국 그가 전도하고 헌신한 청년들과 함께 '월드 호라이즌'이라는 선교단체를 세우기에 이른다. 그곳에서 그가 양육하고 세운 리더들 중 한 사람이 바로 로브다.

로브는 월드 호라이즌의 첫 열매로서 프랑스 남부에 파송되어 선교를 시작했고, 그후 북부의 뛔무리라는 작은 마을에서 믿음으로 센터 건물인 지금의 샤토 블랑을 구입하며 본격적으로 선교에 나섰다. 그후 그는 선교 센터의 리더직을 내려놓기까지 30여 년간 중보와 말씀, 섬김으로 프랑스를 비롯한 불어권 아프리카, 특히 피그미 종족을 위해 삶을 드렸다. 지금 이 센터에서는 한국을 비롯한 여러 민족의 청장년들이 불어권 미전도 종족들을 품고 기도하며 훈련을 받고 있다.

　그는 이제 설교와 강연, 글을 통해 세상에 나와 쓰임 받고 있다. 몇 년 전부터는 IBA 등과 같은 성경적 일터 사역에서 사람들을 말씀으로 깨우는 사역을 하고 있다.

　30년이란 인내와 고난을 견뎌낸 기도의 삶을 지나와서 그런지 그에게는 말씀의 깊은 우물이 있다. 오염되지 않고 시원한 영적 우물에서 길어올린 묵상과 타고난 열정으로 쏟아내는 말씀들은 젊은이들 안에 주님께 헌신하고자 하는 마음을 심어준다. 이 책을 통해 동일한 도전을 받기를 바란다.

| 추천의 글 5 |

기도와 선교는 어떻게 연결되는가

조샘 | 인터서브 선교사, The Center for BAM 공동대표

개인적으로 친구이기도 한 리브 목사의 풍성하고 깊은 영성, 그리고 구약과 신약에 숨겨진 말씀들을 연결하며 동시에 교회사의 사건과 선교현장의 풍성한 경험들에 기초한 메시지에 늘 감격하고 도움을 받아왔다. 지난 몇 년간 같이 사역하면서 리브 목사와 몇 번에 걸쳐 일주일 이상 같은 공간에서 생활한 적도 있었는데, 그 기회를 통해 그가 지닌 영성의 비밀을 조금은 엿볼 수 있었다.

그것은 두 가지의 극단이 조화되어 있는 삶이었다. 세계를 품는 선교. 그리고 하나님과의 깊은 친밀함. 전자가 글로벌한 하나님의 계획의 일에 관한 것이라면, 후자는 개인적인 관계에 관한 것이다. 이 두 가지 극단이 만나는 곳이 리브 목사의 기도생활이었다. 이 기도는 몇 시간을 정해서 기도하거나 방언으로 기도하거나 금식으로 기도하거나 하는 형식을 말하는 것이 아니다. 그를 볼 때면 기도와 묵상이 삶 전체에, 아침부터 밤늦게까지 삶의 한 방식으로 늘 흐르고 있는데, 그것은 하나님과의 친밀한 동행이라는 말로 정리할 수 있을 것 같다. 그 친밀함, 그리고 그에 기초한 깊고 자유로운 영성을 나 역시 배우고 싶었는데, 이 책에서

바로 그 기도의 비밀을 소개하고 있다.

　이 책은 기도 입문서가 아니라 보다 깊은 기도의 세계로 들어가기 원하는 사람들에게 기도의 능력과 기쁨과 노동을 경험한 선배가 주는, 새로운 자극과 분발과 시각을 위한 묵상의 재료들이다. 이 책은 기도의 다양한 측면과 복합성들을 다루고 있다. 현실의 불만족을 인정하면서도 때가 될 때 놀라운 공급과 치유와 승리를 주실 아버지를 바라보는 소망과 믿음의 기도. 죄와 수치를 보혈로 씻고 각종 유향의 향기로 우리의 성품을 새롭게 하는 변화의 기도. 과거 신앙의 선배들이 드렸던 중보를 기억하며 그곳에서 새로운 세대를 세우는 부흥의 기도들을 애기한다.

　무엇보다 이 책의 하이라이트는 선교에 있다. 우리는 기도를 통해 지금도 일하시며 새로운 일을 열어가실 뿐 아니라 그전과 다른 십일 시의 일꾼을 모으고 부르시는 선교의 하나님을 이해하고 그분의 일에 동참하게 된다. 이 시대의 가장 큰 중보기도는 성육신하여 우리 인간들 속에 들어와 스스로 약함이 되셨던 예수님을 본받아 세상 속에 들어가는 삶 자체가 될 것이다. 이 책을 통해 기도, 즉 하나님과의 친밀한 동행이 어떻게 하나님께서 이 시대에 행하시는 선교에 연결되는지 알게 되기 바란다.

차례

추천의 글 – 이재환, 방선기, 한철호, 성현경, 조샘 8
들어가는 글 – 천사도 칭송했던 사람 20

Chapter 1 어느 중보자의 고백 23
여호와여 내가 주를 불렀사오니 속히 내게 오시옵소서.
내가 주께 부르짖을 때에 내 음성에 귀를 기울이소서.

Chapter 2 하나님은 주무시고 계신다 27
성령님은 어떻게 우리 안에 깃든 깊은 상처와 거짓들로 인해
왜곡되어온 하나님의 넉넉한 아름다움에 눈을 뜨게 해주시는가?

Chapter 3 내게 구하라 43
하나님은 우리가 선교의 문을 여는 열쇠로서
'기도'를 사용하시기 간절히 원하신다.

Chapter 4 가장 좋은 것을 선택하라 53
값싼 기도 생활에 만족하겠는가, '말씀을 듣는 귀'를 가진
기도를 하겠는가? 기회가 오거든 가장 좋은 것을 취하라!

Chapter 5 네 명의 웨일즈 아버지들 75
우리의 기도는 시간을 초월한다. 그 기도들은 믿음의 길을
따라가는 이들에게 어떤 신앙의 유산을 남기는가?

Chapter 6 중보 기도 91
말씀이 육신이 되어 우리 안에 거하신 것처럼 하나님은
이 세상의 어찌할 바 모르는 상황들을 품으며 기도할 사람들을 찾고 계신다.

C.O.N.T.E.N.T.S.

Chapter 7 레아를 사랑하라 105
비전은 찬란하여 가슴이 뛰지만 막상 현실은 우리를
겸손하게 한다. 어떻게 이 두 가지의 균형을 이룰 것인가?

Chapter 8 제십일 시의 일꾼들 128
오늘날 교회의 선교적 사명은 어느 때보다 긴급하다. 하나님은
이 사명을 위해 세계 곳곳에 새로운 선교 군대들을 일으키고 계신다.

Chapter 9 피그미족과 대통령들의 하나님 155
연이은 예배의 시간에 하나님의 임재하심이 있었다.
하나님은 그 나라를 더 큰 치유 속으로 이끌어가기 원하셨다.

Chapter 10 꿈을 되찾기 169
하나님이 이 세상 열방들을 위해 주시는 비전을
용감하게 소유할 개척자들은 누구인가?

Chapter 11 약함을 드러내는 것이 곧 기회다 213
우리를 부요케 하기 위해 스스로 가난해지신 그리스도의 생명은
열방에 기꺼이 약함을 드러내는 형제들에게 어떻게 나타나는가?

Chapter 12 옥합을 깨뜨리는 법을 배우라 236
어떻게 희생이라는 향기로 십자가를 선포하고,
참된 부활의 여정이 새로 시작되었음을 말씀으로 선포하겠는가?

| 들어가는 글 |

천사도 칭송했던 사람

내게 이르되 큰 은총을 받은 사람 다니엘아 내가 네게 이르는 말을 깨닫고 일어서라 내가 네게 보내심을 받았느니라 하더라 그가 내게 이 말을 한 후에 내가 떨며 일어서니 그가 내게 이르되 다니엘아 두려워하지 말라 네가 깨달으려 하여 네 하나님 앞에 스스로 겸비하게 하기로 결심하던 첫날부터 네 말이 응답 받았으므로 내가 네 말로 말미암아 왔느니라 그런데 바사 왕국의 군주가 이십일 일 동안 나를 막았으므로 내가 거기 바사 왕국의 왕들과 함께 머물러 있더니 가장 높은 군주 중 하나인 미가엘이 와서 나를 도와주므로(단 10:11-13).

하나님은 당신의 중보자들을 너무도 사랑하신다. 위에 나오는 가브리엘 천사도 중보자 다니엘을 큰 은총을 받은 사람이라고 불렀다. 그렇지만 그들은 결코 유명하여 초청 강사로 불려다니는 자들은 아니다. 그저 하나님의 마음을 알기 때문에 때로는 한 나라의 변화를 위해 스스로 엎드릴 수 있는 겸손한 자들이다.

이 책의 목적은 기도를 권장하고, 선교를 일으키며, 하늘을 여는 데 있다. 이 책에는 묵상에서 나온 가르침과 예언적인 기도가 실제 삶에서 이뤄지는 예들이 담겨 있다. 유럽 부흥의 꿈을 이루기 위해 프랑스로 파송된 나의 30년 속에 있었던 이야기들을 나눌 것이다.

나를 거룩한 삶으로, 또 내 가슴에 가득 찬 선교로 헌신하게 이끈 것은 바로 기도였다. 세계 선교에 관한 것들과 더욱이 오랜 세월 헌신해 온 중앙아프리카 공화국에서 얻은 것들을 나눌 것이다. 이 책을 읽는 이들이 선교를 향한 하나님의 마음을 알고 열방을 향한 그분의 열심을 느낄 수 있기를 간절히 바란다.

무엇보다 이 책은 기도가 우리에게 열어주는 무한한 가능성에 대해 이야기하고 있다. 보잘것없는 사람일지라도 그리스도의 놀라운 사랑을 열방에 전할 수 있는 놀라운 가능성과 열정을 품을 수 있다. 오래 전 초신자였던 내게 하나님께서는 다음의 진리로 도전을 주셨다.

> 우리 가운데서 역사하시는 능력대로 우리가 구하거나 생각하는 모든 것에 더 넘치도록 능히 하실 이에게(엡 3:20).

당신도 이렇게 당당하게 구해 본 것이 있는가?

　젊은 어부 시몬 베드로가 갈릴리 해변에서 감히 어떤 꿈을 꿀 수 있었겠는가? 그는 '사람을 낚는 어부'로서 그의 '하나님 나라'라는 그물에 몇 사람이 걸려드는 것 정도는 감당할 수 있었을 것이다. 그러나 그는 물 위를 걸었고, 3천 명이 예수님께로 돌아오는 것을 보았으며, 순교의 영예를 누렸다. 진정 하나님은 베드로의 능력을 뛰어넘어 놀라운 일들을 하실 수 있다.
　이 책을 읽는 이들이 성령에 사로잡혀 '더 넘치도록' 일하실 하나님에 대한 믿음과 순종과 열정을 갖게 되길 간절히 소망한다.

Chapter 1

어느 중보자의 고백

여기 실린 이야기들은 대부분 실화이다. 현대를 살아가는 우리들에게 기도의 능력을 보다 강력하게 소개하기 위해 간증인의 어려운 결단 끝에 그 이야기들을 나누도록 허락받았다. 이 내용은 진실하며, 많은 증인들이 동일하게 증언하고 있다.

2003년 12월 14일 주일은 11월 24일부터 시작된 21일간의 작정 금식이 끝나는 날이었다. 나는 기대하는 마음으로 예배를 마치고 집으로 돌아왔다. 나의 기도 제목들은 개인적인 거룩함에 대한 염원과 미래 사역의 기초를 놓고 싶은 소망, 그리고 아프리카에 있는 친구들을 위한 것이었다. 그밖에도 유대인들을 향한 하나님의 약속이 성취되기를 강력하게 간구하고 싶었다. 금식 기도 첫 날은 예기치 않게 힘들었다. 새로운 차원의 영적전쟁으로 떠밀린 느낌이었다.

둘째 날, 하나님은 내게 이라크에 있는 사담 후세인의 체포와 알카에다가 계획한 일들이 좌절되도록 기도할 것을 분명하게 말씀하셨다. 나는 이라크 땅에 있는 자들처럼 영적으로 '군사'가 되어야 함을 깨달았다. 그리고 다니엘처럼 이것을 위해 3주간 기도하기로 작정했다. 나는 친구들에게 이 두 가지 목적 기도에 대한 증인이 되어달라고 말했다.

기도가 시작되자 강력한 영적전쟁이 시작되었다. 어느 날 나는 그 지역의 기도 모임에 참석하게 되었다. 모임에 참석한 이들은 그날 저녁에 있을 '추수감사절' 전도를 위해 기도하기로 했다. 기도 모임이 시작될 때 나는 기도 제목을 나누고 함께 중보해 줄 것을 부탁했다. 그리고 사담 후세인을 체포해주실 하나님께 감사드리기 원한다고 나누었다.

그 주에 영국과 터키에서 활동하던 알카에다 요원들이 체포되었다는 뉴스가 보도되었다. 그 사실은 내게 큰 격려가 되었다. 사담을 잡고 있는 영을 깨뜨리기 위한 기도는 점점 더 강력해졌다. 나는 다양한 기도 모임과 공개 토론회에서 이 내용을 나누었다. 육신은 점점 지쳐갔지만 믿음은 더욱 강해지는 시간이었다. 내가 나눈 말씀은 창세기 22장이었다. 이 말씀은 본질적으로 '하나님의 공급을 풀어내는 희생의 기도'에 관한 것이다. 아브라함이 자신의 소중한 희생 제물을 데리고 산의 한쪽을 걸어 올라갈 때, 하나님은 이미 산의 다른 숨겨진 쪽에 그의 '공급'인 숫양의 발걸음을 인도하고 계셨다. 나는 사람들에게 '기도하는 가운데 무엇을 기꺼이 희생 제물로 드리겠느냐'고 물었다. 그리고 그들의 '숫양'이 무엇인지도 물었다. 나의 '숫양'은 '수풀에 뿔이 걸린 사담 후세인'이었다.

나는 믿음의 간구를 계속하며 수일 안에 사담의 체포 소식을 듣게 되리라고 믿었다. 기도하며 잔뜩 긴장했던 또 한 주가 지나갔지만 이라크에서 사담의 소식은 들려오지 않았다. 나는 이 깊은 기도의 시간을 통해 아프리카의 문이 열리는 것 등 많은 응답을 얻었고, 이로 인해 많은 힘도 공급받았다. 하지만 정작 주요 간구 제목이었던 사담에 관한 응답을 속히 들을 수 없어 나의 기도가 혹시 나만의 개인적 추정이 아니었을까 하는 의문이 들기 시작했다. 21일 금식 막바지에 이르러서 나는 금식마저 포기하려 했다. 그러나 하나님은 시편 141편 말씀으로 내게 분명한 힘을 공급해주셨다.

> 여호와여 내가 주를 불렀사오니 속히 내게 오시옵소서 내가 주께 부르짖을 때에 내 음성에 귀를 기울이소서 나의 기도가 주의 앞에 분향함과 같이 되며 나의 손드는 것이 저녁 제사 같이 되게 하소서(시 141:1-2).

그리고 5-6절을 읽으면서는 큰 소리로 그 구절들을 선포할 힘을 얻었다.

그들의 재난 중에도 내가 항상 기도하리로다 그들의 재판관들이 바위 곁에 내려 던져졌도다 내 말이 달므로 무리가 들으리로다.

마지막 주일, 교회에 다녀왔을 때 나는 친구들로부터 사담 후세인이 체포되었을지 모른다는 소식을 들었다. 나는 재빨리 텔레비전을 틀었으나 아직 그 사실을 공식적으로 확증하는 보도는 없었다. 나는 기도의 필요성을 강하게 느끼고 조용히 기도할 장소를 찾았다. 기도하는 동안 하나님의 은총을 느꼈지만, 한편 중보기도의 능력과 특권과 책임에 대한 두려움으로 압도되었다. 그리고 나도 모르게 하나님의 위대하심에 대한 감사를 겸손히 입술로 고백했다.

그때 마태복음 6장 말씀이 떠오르며 하나님이 부드럽게 "이건 너와 나만 알고 있는 거다"라고 내게 말씀하심을 느꼈다. 나는 생각했다. '이럴 수가. 사담의 체포에 2천 5백만 달러의 상금이 걸려 있는데 하나님과 나만 알고 있는 거라니!' 그러자 하나님의 헤아릴 수 없는 깊은 은혜 가운데 잠잠히 약속의 말씀이 들려왔다.

은밀한 중에 보시는 네 아버지께서 갚으시리라(마 6:6 하).

Chapter 2

하나님은 주무시고 계신다

얼마나 도발적인 제목인가! 그러나 이 말은 나의 프랑스인 친구들이 기도에 관해 한 말이다. 어쩌면 이 말은 현실 속에서 기도 생활을 포기한 사람들의 상처 입은 울부짖음일지도 모른다. 교회 밖에서 들려오는 이 울부짖음은 때때로 기도에 대한 우리의 관점조차 상처입고 왜곡되지는 않았는지 의문을 갖게 한다.

많은 도전을 주는 말들을 남긴 미국의 사상가 A. 토저(Tozer)는 "크리스천들은 절대로 거짓을 말하지 않는다. 단지 노래할 뿐이다"라고 말했다. 크리스천들은 하나님께서 항상 기도를 듣고 계시다고 말은 하지만 실상 그분께서 침묵하시는 것 같아 마음이 상해 있다. 응답하시지 않는 하나님께 실망하면서 또한편 그런

감정을 느끼는 것에 죄책감을 갖는다. 우리의 삶은 마치 오래된 옷장처럼 응답받지 못한 기도와 실패의 낡은 기억들이 걸려있다. 질병의 치유, 사랑하는 사람의 구원, 필요의 공급, 결혼 및 그 밖의 많은 응답되지 않은 문제들을 위해 방충제 넣은 기도들이 우리의 영을 어지럽히고 믿음의 바탕을 좀먹고 있다. 그 결과 열정이 식고 실천이 없는 명목상의 기도만으로 만족하는 상태에 도달한다.

요컨대 우리는 거절된 상처들로 인해 기도를 제대로 하지 못하고 있다.

차라리 세상 사람들처럼 하나님께 정직하게 질문도 못하고, 오히려 죄책감에 물든 벌거벗음을 덮으려고 '무화과나무 잎 신학'을 발전시킨다. 이 신학은 다음과 같은 말들로 표현된다.

"하나님이 항상 응답하시는 건 아니야."

"하나님은 우리 기도에 '그래', '아니야', 또는 '글쎄'로 대답하시지."

"네 믿음이 부족했어."

"네 사랑이 부족했어."

"네가 거룩하지 못했어."

"하나님의 뜻이 이루어지기를."

"하나님은 알 수 없는 방법으로 일하셔."

이 말들에는 진실의 조각들이 들어 있지만 어디선가 방충제 냄새가 난다. 왠지 하나님은 사랑이 없고 약속을 지키지 않으신다고 비난하는 냄새도 난다. 우리는 이런 신학의 남용으로부터 치유 받을 필요가 있다. (요한복음 14장 14절, 마태복음 7장 7절 등에 나오는 명백하고 놀라운 기도의 약속들을 보라.)

문제의 중심에는 하나님이 진정 누구신지에 대한 잘못된 개념과 경험이 있다. 기도에 성공하려면 이 잘못된 개념으로부터 치유 받아야 한다. 그리고 하나님은 선하시며 우리의 기도에 기꺼이 응답하시는 분임을 새롭게 깨달아야 한다. 사탄의 전략은 하나님에 대한 우리의 개념들을 일그러뜨리고 우리 안에 계신 하나님을 비방하여 우리의 믿음과 생명력을 파괴하는 것이다. 선생님, 부모님, 정치 및 종교 지도자 등 우리가 어려서부터 보아온 권위자들은 때로 권위를 남용했으며 우리 존재 깊숙이 하나님에 대한 잘못된 개념을 형성해 놓았다.

예수님께 기도에 대한 가르침을 직접 배워보자. 훌륭한 교사인 예수님은 듣는 자들의 마음에 있는 잘못된 개념을 혁신적인 은혜의 진리로 고쳐주시기에 앞서 먼저 그 잘못된 개념들을 보게 하셨다. 예수님은 그 가르침에서 아버지에 대한 우리의 잘못된 개념들을 보여주면서 특정한 문구들을 반복하여 말씀하신다. 이런 말들은 하나님의 위대하심과 사랑의 참된 모습을 보여주는 길로 우리를 인도한다. 그러므로 분명히 그 의미를 이해하는 것이 중요하다. "하물며", "내가 너희에게 말하노니", "하물며 하나님께서 … 아니하시겠느냐" 등이 그것이다.

이제 본문을 열어 사람의 관점과 하늘의 관점을 비교해보자. 예수님은 기도에 대해 복음서에서 여러 번 말씀하셨다. 이 말씀들을 세 가지로 나누어 보고자 한다. 마태복음 7장 7-11절, 누가복음 11장 1-13절, 누가복음 18장 1-8절에서 예수님께서는 기도의 기초를 놓으셨다.

아버지의 사랑이 두려움을 내쫓는다

마태복음에서 예수님은 제자들에게 기도의 열쇠를 주신다. 어쩌면 이때 예수님은 시편 2편 7절의 "너는 내 아들이라 오늘 내가 너를 낳았도다"라는 말씀에서 자신이 보내심을 받은 때를 생각하셨을지 모르겠다. 예수님은 '아들 됨'의 요소가 몹시 중요함을 아셨다. 나아가 우리가 하늘 아버지의 아들 딸로서 우리의 자리를 아는 것이 얼마나 중요한지 강조하신다.

> 그러므로 너희는 이렇게 기도하라 하늘에 계신 우리 아버지여 …(마 6:9).

7장에 가서 예수님은 이 메시지를 더 강하게 역설하신다. 이때 예수님은 각 사람의 심금을 울릴 만한 일상의 예화와 가족의 모습들을 비유로 드시며 유머가 풍부한 표현들을 사용하셨을 것이라 상상된다. 예수님의 소원은 '아버지'에 대해 잘못된 개념을 가진 자들의 생각을 고치는 것이었다.

"구하라 그리하면 너희에게 주실 것이요"(마 7:7)는 놀랍도록 명백한 진리의 말씀이다. 하지만 구해도 얻기 어려운 세상에 사는 자들은 이미 마음에 벽을 세워놓고 이 말씀을 듣는다. 상처 입은 자들은 반사적으로 이렇게 관대한 신학에 대항할 항목들을 끄집어낸다. 그런데 예수님은 이미 그들보다 한 발짝 앞서 계셨다. "너희 중에 누가 아들이 떡을 달라 하는데 돌을 주며"(마 7:9).

아버지가 저녁 상 앞에서 배고파하며 기다리는 어린 아들을 갑자기 마당으로 불러내 머리채를 잡아당기며 흙 묻은 돌을 아들의 입에 쑤셔 넣고는 "자, 아들아, 씹어라! 너한테 좋은 거야!"라고 말했다고 상상해보라. 다음번에는 아들이 생선튀김과 감자튀김을 고대하며 식사 시간을 기다리는데 또 갑자기 마당으로 그를 불러내서 손에 들고 있던 징그러운 뱀을 재빨리 어린 아들의 입 속에 넣었다고 상상해보라. "(아들이) 생선을 달라 하는데 뱀을 줄 사람이 있겠느냐"(마 7:10). 또는 아버지가 꼬리에 독침이 달려 있는 전갈을 아들에게 준다고 생각해보라. "알을 달라 하는데 전갈을 주겠느냐"(눅 11:12).

지금쯤 예수님의 청중들은 재미있기도 하지만 비열한 아버지의 모습에 약간 화가 나서 '아버지'임이 무엇인지에 대해 좀 더 긍정적인 말을 하고 싶어졌을지 모른다. 예수님은 청중들이 올바른 방향으로 생각하게 자극한 다음 이렇게 말씀하셨다.

너희가 악한 자라도 좋은 것으로 자식에게 줄 줄 알거든 하물며 하늘에 계신 너희 아버지께서 구하는 자에게 좋은 것으로 주시지 않겠느냐 (마 7:11).

아버지 하나님에 대한 관념이 너무나 왜곡된 나머지 우리는 하나님이 '우리에게 돌같이 딱딱한 것을 주실 것'이라고 생각할 때도 있다. 달란트 비유에 나오는 종처럼 많은 사람들은 하나님을 '엄한 분'으로 생각한다. 이곳 프랑스에 사는 나의 가톨릭 친구들은 하나님께 가는 길이 두 가지가 있다고 생각한다. 하나는 '엄한 아버지'인 하나님을 통해 가는 어려운 길이고, 다른 하나는 '부드러운 어머니'인 마리아를 통해 가는 쉬운 길이다.

심지어 좀 더 복음적인 사람들도 자신을 향한 하나님의 뜻이 힘들고 끔찍할 거라는 두려움을 품는 경우가 종종 있다. 우리는 하나님께 순종하는 것에 대해 두려움을 가지고 있지는 않은가? 하나님이 진짜로 우리에게 말씀하실까 봐 기도에 깊이 들어가기를 무서워하지는 않은가? 하나님이 우리를 위해 꼬리에 독한 침이 달린 무언가를 준비해 놓으셨다고 생각한 적은 없는가? 사탄은 거짓된 생각으로 우리를 두렵게 하고 하나님의 사랑의 진리를 왜곡시킨다.

예수님은 악한 아버지의 비유를 통해 우리의 두려움과 불신의 핵심을 표면에 드러내며 이 문제를 다루고 계신다. 사탄이 심어 놓은 아버지에 대한 잘못된 개념을 알게 하시고, 아버지이신 하나님이 우리를 어떻게 돌보고 계시는지 말씀하신다. 예수님의 말씀은 평안한 가운데 우리를 치유하여 듣는 자들의 마음속에 아버지 하나님의 형상을 회복시킨다. 아버지의 온전한 사랑은 우리 안에 두려움을 내어 쫓는다! 그리스도의 말씀을 묵상함으로 마음속 깊이 자리한 두려움에서 해방되라. 자녀들에게 좋은 선물을 주기 원하시는 사랑의 하늘 아버지께 올바르게 기도하는 믿음을 받으라.

끈질긴 기도의 능력

이제 누가복음 11장으로 옮겨보자. 여기서도 예수님은 기도에 관해 가르치며 또 하나의 인상적인 예화를 말씀하신다. 첫 번째 이야기와 마찬가지로 이 이야기도 하나님의 성품, 특히 기도에 관련된 하나님의 성품을 볼 수 있는 숨겨진 보화와 같은 예화이다. 여기 나오는 사람은 자신의 필요 때문에 '자기 벗'에게 떡 세 덩이를 달라고 부탁한다. 이 사람은 필요를 가지고 하나님께 나오는 사람들의 전형적인 모습이다. 그런데 그는 친구인 상대로부터 좀 충격적인 반응을 보게 된다. "나를 괴롭게 하지 말라"(눅 11:7).

우리는 때로 하나님을 높은 권력을 가진 사업가처럼 바빠 세상을 운영하느라 내 기도나 염려, 그리고 내 삶의 떡 세 덩이쯤에는 시간을 낼 수 없는 분으로 그리고 있지는 않은가? "문이 이미 닫혔고"(눅 11:7). 당신은 때때로 하늘에 '진입금지'라는 푯말이 붙었다고 생각하며 하늘의 관대함 앞에 죄와 거절감과 불신이란 장애물을 세워놓지는 않았는가? 누군가가 당신에게 '기도는 제사장과 거룩한 사람, 그리고 아주 영적인 사람들만의 임무'이므로 당신 같은 사람은 기도할 권리가 없다고 말한 적이 있지는 않은가?

"아이들이 나와 함께 침실에 누웠으니"(눅 11:7). 너무 하시다고 생각되지 않는가? 세상엔 먹을 것에 굶주려 죽어가고 있는 사람도 있는데 하나님은 침실에서 잠드셨다고 생각해보지 않은 사람이 얼마나 있겠는가? 공산주의자나 인본주의자들은 총에 이런 탄약을 잰다. 유명한 공산주의 극작가인 버톨트 브레크트(Bertolt Brecht)는 "먹을 것이 먼저다. 도덕은 그 다음이다"라고 썼다. 하나님은 세상 무대에서 이상하리 만큼 부재하실 때가 많다. 우리는 종종 하나님께 울부짖으면서도 그분이 나의 기도를 안 들으시는 것 같은 느낌을 가질 때가 있다. 그런 부재에 대한 느낌은 우리에게 깊은 상처를 주고 사탄의 신랄한 거짓말에 문을 열어주었는지도 모른다.

"일어나 네게 줄 수가 없노라"(눅 11:7). 하나님이 정말 이 정도로 약하신가? 하나님이 이토록 힘이 없는 분이라면 문제 해결을 위해 부자 사업가나 마피아 두목을 찾아가는 편이 낫겠다!

그러나 이것은 하나님의 참모습과는 정반대되는 이야기들이며 기도의 윤리와 약속의 반정립이다. 당신이 하나님에 대한 이런 거짓말들을 믿었다면 떡을 못 얻는 것이 마땅하다! 하나님을 모독하고 기도를 깎아내리는 이런 관점은 회개해야 할 심각한 죄이다.

예수님은 마가복음 9장 23절에서 귀신 들린 아이의 아버지가 나약하게 "하실 수 있거든"이라 말하자 그를 부드럽게 꾸짖으셨다. 우리는 그가 전능하신 하나님의 아들에게 이렇게 말했다는 사실을 기억해야 한다. "하실 수 있거든"은 할 수 있는 자에게 하는 말이 결코 아니다. 예수님은 믿음으로 충만한 부탁을 찾고 계셨음을 그 사람에게 일깨워 주셨다. "예수께서 이르시되 할 수 있거든이 무슨 말이냐 믿는 자에게는 능히 하지 못할 일이 없느니라."

예수님의 이 이야기에 드러나 있는 하나님에 대한 잘못된 관점들을 깊이 회개하자. 과거의 실패와 사탄의 거짓말과 싸우며 염려하는 아이의 아버지처럼 우리도 "내가 믿나이다. 나의 믿음

없음을 도우소서"라고 끈질기게 부르짖자. 그리고 믿음으로 담대하게 모순들을 극복하자.

우리는 사탄의 거짓과 공격을 비웃고 후히 주시는 하나님의 성품을 굳게 붙잡는 법을 배워야 한다. 이것이 누가복음 본문에서 말하는 '끈질김'이다. 불신의 죽은 행사를 미신적으로 끈질기게 붙잡는 것이 아니라 하나님에 대한 올바른 관점을 붙잡는 끈질김 말이다.

여기서 '담대함' 혹은 '끈질김'이란 선한 행위나 참회를 통해 하나님의 마음을 바꾸거나 설득하라는 뜻이 아니다. 이것은 단지 계속해서 하나님의 성품을 모독하는 원수의 거짓을 극복하기 위해 우리에게 필요한 '내면의 끈질김'과 '담대함'을 말한다. 우리는 날마다 담대하게 사탄의 끈질긴 거짓 선전을 이겨내야 한다.

"그 간청함을 인하여"라는 말에 답이 있다. 여기서 '간청함'이란 헬라어로 '아나이데이아(anaideia)'로서 문자 그대로 '창피해하지 않고'라는 뜻이다. 수치를 가리고 체면을 차리는 것은 예수님 시대에 문화적으로 굉장히 중요한 문제였다. 당시에는 자녀를 돌보지 않는 아버지만큼이나 손님 대접하기를 거부하는 것도 말이 안 되는 일이었다. 그런 행동은 당시 사회에서 아주 수치스러운 일이었다.

예수님은 악한 아버지와 선한 아버지의 비유를 드신 것처럼 여기서도 동일하게 말씀하고 계신다. "정말로 하나님이 손가락질 받을 만한 분이라고 생각하는가?"를 묻고 계시는 것이다. 우리는 마음속 깊이 하나님을 창피하게 여기고 있지는 않은가? 하나님은 우리에게 그다지도 인색하고 치사하신 분인가? 사탄이 하나님의 성품을 변형시키려고 우리 안에 각인해놓은 바 '하나님은 창피한 분'이라고 비난하고 싶은 마음을 이겨낼 수 있기 바란다.

끈질기게, 그리고 믿음으로 담대하게 겉으로 드러난 모순들을 통과해 나가자. 사탄의 거짓과 공격을 비웃고 하나님의 '후히 주시는 성품'을 굳게 붙잡는 법을 배우자. 이것이 누가복음 본문에서 말하는 '끈질김-담대함'이다. 바로 하나님에 대한 올바른 관점을 붙잡는 끈질김과 원수의 '수치스럽다'는 비난을 극복하는 담대함 말이다.

우리는 하나님을 인색한 분이라고 여기게 만드는 은밀한 거짓과 비방에 속지 말아야 한다. 하나님의 원래 모습인 '후히 주시는 분'으로 보는 것이, 기복신앙을 뜻하지는 않는다. 그것은 진정한 담대함이며 진정한 믿음으로 가득 찬 은혜이다. 예수님은 잘못된 것을 드러내신 후 우리를 기도의 진리와 약속으로 확실하게 다시 이끌어 가신다.

> 내가 너희에게 말하노니…
>
> 내가 또 너희에게 이르노니…

일어나 그 요구대로 주리라.

구하라 그러면 너희에게 주실 것이요.

이 세상에서 하나님의 형상은 죽음과 파괴를 일삼는 사탄의 역사로 인해 계속해서 모독당하고 있다. 또한 교회의 수동적 태도와 '무화과나무 잎' 교리까지 원수의 일을 돕고 있다. 우리에게는 기도를 굳게 붙들 담대한 세대가 필요하다. 날마다 하나님의 높은 관점을 고수하며 인류에게 필요한 응답을 하늘로부터 가져올 세대 말이다. 믿음의 기도는 언제나 하나님의 공급을 가져온다. 우리에게 필요한 것은 모두 다 주신다는 믿음이며 하나님은 아무 두려움 없이 부탁하는 마음을 간절히 찾으신다.

인자가 세상에서 믿음을 보겠느냐

세 번째 본문에서도 예수님은 우리 안에 있는 하나님에 대한 잘못된 관점을 드러내신다. 누가복음 18장 1-8절은 기도를 권장하기 위한 이야기다. "예수께서 그들에게 항상 기도하고 낙심하지 말아야 할 것을 비유로 말씀하여"(눅 18:1). 사람들은 왜 기도를 포기할까? 그것은 하나님이 우리를 돌보지 않으시고, 공평하지 않으시며, 잔인하시다고 생각하기 때문이다. 많은 사람들이 하나님을 불공평한 심판관으로 여기며 그로 인해 두려움을 갖게 된다. 그러니 기도를 못하게 되고 쉽게 포기하고 마는 것이다. 예수님은 비유를 들어 이 터무니없는 사람들에 대해 말씀하시며 잘못된 고정관념들을 깨트려 주신다.

"어떤 도시에…"(눅 18:2). 어쩌면 예수님은 "어떤 마음 상태에"라고 말씀하실 수도 있었을 것이다. "하나님을 두려워하지 않고 사람을 무시하는 한 재판장이 있는데…" 이 가정 역시 하나님에 대한 우리의 개념이 상처로 인해 잘못되었음을 알려준다. 이 묘사는 '하나님이 세상을 너무나 사랑하사 독생자를 보내어 고통을 겪고 십자가에 달려 죽게 하신 관대한 분'이라는 진리로부터 완전히 동떨어져 있다. 하나님의 그 사랑은 무엇과도 비교할 수 없는 '최상 최고의 돌보심'이었다!

본문에는 또 한 과부의 요청이 나온다. "내 원수에 대한 나의 원한을 풀어주소서"(눅 18:3). 과부의 간청은 옛적부터 깨어지고 희망을 빼앗긴 마음들이 울부짖어온, 정의를 구하는 전 세계적인 외침이다. 문자 그대로 보면 이 여인은 "반(反) 정의에 대항한 정의를 내게 주소서"라고 말하고 있다. 이것은 인류의 목소리일 뿐 아니라 신부로서 자기의 유산을 온전히 이해하지 못한 채 사탄에 대항하여 정의를 위해 중보하는 교회의 목소리이기도 하다.

이 이야기를 읽다보면 과부의 원수보다 재판장에게 문제가 있음을 보게 된다. 안타깝게도 세상의 많은 사람들은 부정과 고난

앞에서 진짜 원수인 사탄을 탓하지 않고 하나님의 책임을 더 운운한다. 진짜 악은 선을 왜곡시키는 관념들 뒤에 숨어 있다.

여기 나오는 '재판장 하나님'은 앞에 나온 '잠자는 하나님'과 마찬가지로 우리의 간청을 거절하신다. "그가 얼마 동안 듣지 아니하다가"(눅 18:4). 하나님이 정의를 거절하시다니! 상상할 수 없는 일이다! 심지어 늙은 아브라함도 소돔과 고모라를 위해 '끈질기게' 중보했을 때 '하나님께서 정의를 대하시는 수준'에 대해 이보다는 더 잘 알고 있었다. "세상을 심판하시는 이가 정의를 행하실 것이 아니니이까"(창 18:25).

우리는 가난한 과부처럼 그저 정의를 위해 기도해야 하는가? 기도란 하나님이 결국 양보하실 때까지 그분의 머리를 아프게 만드는 일인가? 우리는 단지 주문을 외우듯 중얼거리는 기도와 선한 행위들로 하나님을 지치게 만들면 되는 것인가? 어느 유명한 설교가는 "내가 만난 많은 종교인들이 하나님보다 더 착한 것 같다"라고 말했다. 우리가 교회에 출석하고 문화적으로 도덕성을 지키는 것, 그리고 모이기를 힘쓰며 기도를 멈추지 않는 것은 결국 하나님을 지치게 만들어 응답하시게 만드려는 의도인가?

> 내가 하나님을 두려워하지 않고 사람을 무시하나 이 과부가 나를 번거롭게 하니 내가 그 원한을 풀어 주리라 그렇지 않으면 늘 와서 나를 괴롭게 하리라(눅 18:4-5).

물론 우리는 이보다 더 잘 할 수 있다! 여기서 예수님의 목표는 우리 안에 있는 잘못된 율법적 고정관념들을 깨닫게 하시고 우리를 순전한 믿음으로 달려가게 하는 데 있다. 악한 아버지라도 자식들에게 좋은 음식을 주고, 고약한 재판장이라도 결국 마음을 돌이키게 마련이라면, 하나님 아버지는 우리에게 얼마나 더 응답하기를 원하시겠는가!

> 불의한 재판장이 말한 것을 들으라 하물며 하나님께서 그 밤낮 부르짖는 택하신 자들의 원한을 풀어 주지 아니하시겠느냐 그들에게 오래 참으시겠느냐(눅 18:6-7).

이쯤 되면 예수님 주위의 군중들이 대답하고 싶어 안달이 났을 것이다. "아니요, 아닙니다! 사랑 많으신 우리 하나님은 계속해서 우리를 기다리게 하지 않으실 겁니다. 설사 로마인들이 계속해서 부정을 저지른다 해도 여호와가 부정한 재판장이 아니라는 사실을 우리가 압니다."

예수님은 그들을 집중하게 만든 후 계속해서 말씀하신다. "내가 너희에게 이르노니 속히 그 원한을 풀어 주시리라(이 대목에서 군중들은 크게 박수쳤을 것이다)"(눅 18:8). 그 다음에 예수님은 핵심을 찌르는 최후의 문구를 던지면서 깊은 도전을 주신다. "그러나 인자가 올 때에 세상에서 믿음을 보겠느냐"(눅 18:8).

주님이 다시 오실 때 두려움과 불신에서 해방된 마음, 구하는 자들에게 좋은 선물을 주시는 사랑의 아버지를 신뢰하는 마음을 찾으실 수 있겠는가? 인생에서 실패한 듯 보이고 무언가 아니라고 느껴지는 모순들을 헤쳐 나가는 믿음, 여호와 이레의 공급하시는 하나님을 붙잡는 믿음을 찾으실 수 있겠는가? 열방에서 정의를 구하며, 모든 간구는 응답된다는 믿음을 갖고, 구원이 새벽빛처럼 급속히 임할 것을 믿어 의심치 않으며, 주야로 중보하는 모습을 그가 정말로 찾으실 수 있겠는가?

이 비유들을 통해 성령님은 당신 안에 깊은 상처와 거짓들로 인해 왜곡되어온 하나님의 넉넉한 아름다움에 눈을 뜨게 해주실 것이다. 동일하게 이 말들이 당신을 부드럽게 격려하고 치유하여 당신의 기도와 응답에 새로운 능력과 새로운 확신을 가져오게 하라. 십자가를 바라보라. 그리스도의 마음을 바라보고 그분의 전적인 돌보심과 전적인 아버지 되심, 전적인 헌신, 전적인 은혜, 전적인 친밀함, 전적인 실천, 그리고 전적인 사랑을 발견하라! 하나님은 그런 분이시다!

Chapter 3

내게 구하라
− 추수를 위한 기도 −

기도와 선교는 하나님의 마음에서 시작되고 하나님의 마음에서 완성된다. 시편 2편 7-8절을 보면 하늘 문이 열리고 삼위일체이신 하나님이 그 아들과 나누는 대화를 들을 수 있다. "여호와께서 내게 이르시되 너는 내 아들이라 오늘 내가 너를 낳았도다 내게 구하라 내가 이방 나라를 네 유업으로 주리니 네 소유가 땅 끝까지 이르리로다."

하나님은 이 약속을 우리가 아닌 예수님께 처음 주셨다. 이것이 '이방 나라'들을 그 아들에게 주시겠다는 아버지의 강력한 위임명령임을 생각해보라. 그러면 이 약속의 놀라운 성취를 요한계시록 5장 9절에서 보는 것이 놀랄 일도 아니다. "… 합당하시도다 일찍이 죽임을 당하사 각 족속과 방언과 백성과 나라 가운데에서 사람들을 피로 사서 하나님께 드리시고." 또한 요한계시록 7장 9절은 "이 일 후에 내가 보니 각 나라와 족속과 백성과 방언에서 아무도 능히 셀 수 없는 큰 무리가 나와 흰 옷을 입고 손에 종려가지를 들고 보좌 앞과 어린 양 앞에 서서"라고 기록한다.

그러면 약속과 그 약속의 성취 사이에는 무엇이 있는가? 그 답은 "내게 구하라", 곧 '기도'다. 예수님은 자신의 생명을 십자가에서 우리에게 주심으로써 열방을 위한 최고의 중보를 이루셨다. 그런데 예수님은 이 기도의 약속을 요한복음 14장 14절에서 제자들에게 위임하셨다. "내 이름으로 무엇이든지 내게 구하면 내가 행하리라."

예수님은 자신을 충성되게 따르는 우리에게 그의 '이름'을 주심으로써 '열방 나라들을 구할' 권위를 위임하셨다. 요한계시록 2장 26-27절은 우리에게 인내를 가지고 계속 기도하라고 격려한다. "이기는 자와 끝까지 내 일을 지키는 그에게 만국을 다스리는 권세를 주리니 그가 철장을 가지고 그들을 다스려 질그릇 깨뜨리는 것과 같이 하리라 나도 내 아버지께 받은 것이 그러하니라." 마태복음 7장 7절도 우리에게 분명하게 '구하라'고 명하고 있다. "구하라 그리하면 너희에게 주실 것이요."

하나님은 우리가 선교의 문을 여는 열쇠로서 '기도'를 사용하기 간절히 원하신다. 우리가 우리 자신의 필요와 문제보다 열방을 바라보기 원하신다. 마태복음 8장 25-26절은 우리가 주로 어떤 식의 기도에 익숙한지 보여준다. 이것을 '패닉상태의 기도'라 부르자. 이것은 교회 안에서 보기 드물게 진심으로 올려드리는 기도이다. 왜냐하면 우리는 위기에 처하거나 문제에 봉착하지 않고서는 기도를 하지 않기 때문이다. 본문에서 배에 물이 차오르고 폭풍이 사납게 몰아치자 모든 이들의 시선이 문제로 쏠렸다. 이렇게 인간의 기도는 기본적인 생존본능으로부터 시작된다. "주여, 구원하소서."

여기까지가 우리가 드리는 기도의 현주소다. "살려주세요! 도와주세요! 축복해 주세요!" 제자들의 시선이 점점 더 폭풍에 고정되면서 기도는 예언적이며 부정적인 것으로 바뀐다. "우리가 죽겠나이다!" 이들의 기도는 성령보다는 죽음의 영에 더 이끌리는 것 같다. 어떤 영이 우리가 속한 기도 모임의 흐름을 이끌어 가는지는 각자의 판단에 맡기겠다. 불행히도 선교를 위한 기도 모임들은 문제에만 초점을 맞추는 경우를 많이 본다. 대개는 열방 위에 부정적인 것들을 선포하는 위험한 기도를 하곤 한다.

예수님은 우리의 모든 말을 들으시므로 이 요청도 들으실 것이다. 그리고 우리의 말뿐 아니라 그 뒤에 숨은 영과 동기까지 보실 것이다. 예수님은 예리한 분별력으로 우리의 요청 뒤에 숨은 영에게 한마디로 말씀하신다. "어찌하여 무서워하느냐 믿음이 작은 자들아"(마 8:26). 바로 이것이다! 불신과 두려움, 이 두 가지가 바로 우리가 하는 '패닉 상태의 기도'의 뿌리이다. 문제에 초점을 두면 언제나 이러한 불신과 두려움으로 가게 되어 있다. 우리는 여기서 돌이켜 믿음과 담대함으로 예수님과 그분의 말씀을 우리의 생각 안에 채워야 한다.

바다 한가운데서 물이 배에 차오르는데 왜 두렵지 않겠는가? 그럼에도 우리는 먼저 겁에 질리기 전에 파도 속에서도 '주무시는' 예수님을 바라봐야 한다. 그리고 그분이 우리에게 간절히 전해주기 원하시는 '평안'과 '믿음'을 찾아야 한다. 나의 연약함과 문제가 아니라 예수님의 능력과 권위를 바라보는 데 시간을 들여야 한다. 그리고 예수님이 바람과 파도, 곧 이 땅과 영의 세력들을 꾸짖고 잠잠케 하시도록 해야 한다.

겁에 질려 문제만 바라보며 기도하지 말고 예수님의 능력과 권위를 바라보라! 그리고 기도하라!

마르다와 염려의 기도

누가복음 10장 40-42절에 나오는 마리아와 마르다의 이야기를 보면 우리가 어떻게 기도해야 하는지 분명한 통찰력을 얻을 수 있다. 이번에는 이것을 '염려의 기도'라고 부르자.

사람들은 종종 자신을 마르다에 비유한다. 물론 우리는 실질적으로 섬기는 마음과 그런 성향을 가진 사람들을 존중해야 한다. 그러나 이 사건에서 마르다는 결코 만만치 않은 인물로 나온다. 우선 마르다는 올바르지 못한 생각을 하고 있었다. 그녀는 준비해야 할 것이 많아 '마음이 분주한' 상태로 기도하거나 예수님께 이야기했다.

얼마나 많은 기도가 분주함으로 인해 시작도 하기 전에 죽어 버리는가? 예수님은 조용한 곳을 찾아 기도하셨고, 제자들에게도 다른 것에 마음을 빼앗기지 않도록 골방에 들어가 문을 닫으라고 조언하셨다. 설사 밖이 소란스럽더라도 내면의 고요함을 지킬 수 있는 곳, 그곳이 바로 기도가 시작되는 곳이다.

어쨌든 마르다는 점점 더 초조했고, 손님들이 올 시간이 다가오자 예수님께 이렇게 말한다. "생각하지 아니하시나이까?"(영문을 직역하면 "상관하지 않으십니까?"-옮긴이) 기막힌 일이다! 마르다는 예수님에게 손님이 오는 것을 상관하지 않으신다고 비난하고 있다. 이 순간 마르다는 분주함과 초조함 때문에 하나님에게조차 완전히 잘못된 생각을 갖고 있었다. 그래서 하나님의 사랑과 긍휼의 마음을 놓치기 시작한다.

이런 현상은 우리가 피곤하거나 지치거나 정해진 기한이 다가올 때 흔히 겪는 일이다. 마르다만큼 직접적으로 표현하지는 않지만 우리는 예수님이 우리 일에 상관하지 않으시는 것에 대해 속이 상해 기도하는 중에 원망을 토해내기도 한다. 진정한 기도는 인간들을 향한 하나님의 헌신과 긍휼을 알게 될 때 비로소 탄생한다. 하나님은 우리의 사사롭고 이기적인 안건들을 상관치 않으실지도 모른다.

"내 동생이 나 혼자 일하게 두는 것을…." 마르다는 이제 동생을 비난한다. '염려하는 기도'는 종교적인 베일로 잘 가릴 수 있을지 모르지만 '비난하는 영'이 튀어나오는 것은 어쩔 수 없다. 마르다의 동생은 말씀에 초점을 두고 있었던 반면, 마르다는 일에 초점을 두고 있었다. 우리는 염려로 이어질 수밖에 없는 일에 초점을 두지 말고, 우리를 예수님의 발 앞으로 이끄는 하나님의 말씀에 귀 기울여야 한다.

"나 혼자…." 자기연민이다. 마르다는 '해야 할 일'만 바라보며 거짓 순교정신을 갖게 되었다. 거절 받은 내면의 상처는 '애절한 도움의 요청'에서 드러난다. 많은 선교사, 목사 및 하나님의 종들이 좌절감과 외로움으로 마르다처럼 기도하곤 한다. 그들은 더 많은 '일꾼'들을 간절히 원한다. 이런 청함은 염려와 필요로 인한 것이기도 하지만 때로는 '상관하지 않으시는' 예수님을 어떻게든 움직여 보려는 마음에서 비롯되기도 한다.

"그를 명하사 나를 도와주라 하소서." 이제 마르다는 예수님께 명령하고 있다! 얼핏 보기에 이것은 죄가 아닌 것 같다. 우리의 필요와 염려는 우리 앞에 제시된 논쟁에 희생양이 되기도 한다. 이것은 상당히 심각한 일이다. 마르다는 성령께 순종하는 안식이 아니라 조종의 영에 빠지고 말았다. 마르다는 이제 하나님이 싫어하시는 '이세벨'에게 가는 길목에 서 있다. 우리는 '일꾼'을 보내달라며 선교 현장의 '필요'들을 위해 기도할 때 정말 조심해야 한다. 우리가 모든 것에 중심 되시는 예수님과 사랑과 공급의 근원 되신 그분에게서 멀어진다면 결국 자기 의로 가득 차서 남을 비난하고 염려하며 거절당한 '조종하는 자들'이 되고 말 것이다.

그러나 절망 속에 포기하기 전에 예수님이 마르다를 어떻게 사랑으로 대하시는지 살펴보자. "마르다야 마르다야." 예수님은 마르다를 잠잠하게 부르시며 자신과의 관계를 회복시키신다. 특히 마르다의 이름을 두 번 부르신 데서 예수님이 그녀에게 사랑과 인내로 다가가심을 느낄 수 있다. 우리는 우리를 향한 예수님의 사랑의 말씀 앞에 잠잠해질 필요가 있다. "그가 너로 말미암아 기쁨을 이기지 못하시며 너를 잠잠히 사랑하시며 너로 말미암아 즐거이 부르며 기뻐하시리라"(습 3:17).

예수님은 배에서 제자들에게 하셨듯이 마르다의 기도의 진짜 동기에 손을 대셨다. "네가 많은 일로 염려하고 근심하나(헬라어로 '터바조[turbazo]'는 사나운 바다처럼 소란스럽고 어지럽게 한다는 뜻이다)…"(눅 10:41). 염려가 진정한 기도를 대체하게 해서는 안 된다. "아무것도(특히 '많은 일로') 염려하지 말고 다만 모든 일에 기도와 간구로, 너희 구할 것을 감사함으로 하나님께 아뢰라"(빌 4:6). 기도하기 전에 '사납게 뛰노는' 우리 안의 바다를 하나님께서 잠잠케 하시도록 하라. 염려와 근심이 우리의 기도 시간을 지배하거나 침투해서는 절대 안 된다.

긍휼한 마음과 기회에 대한 비전

예수님은 해결책을 주신다. "한 가지만으로도 족하니라." 우리가 울부짖는 그것은 무엇인가? 마리아는 그것을 선택할 만큼 총명했다. 우리도 그것을 선택할 수 있다. 그것은 우리에게 혹독한 의무로 강요되는 것이 아니다. 그러면 그것은 과연 무엇인가? 그것은 단순히 예수님의 발 앞에 앉아 그분의 말씀을 듣는 것이다. 기도는 전부 들음에 관한 것이다. "마리아(는) … 주의 발치에 앉아 그의 말씀을 듣더니."

우리는 선교의 전진을 위한 기도에 앞서 예수님의 조언을 들어야 한다. 그것은 마태복음 9장 36-38절에 나와 있다. "무리를 보시고 불쌍히 여기시니 …"(마 9:36). 예수님의 시선은 자신에게 머물러 있지 않으셨다. 예수님은 무리를 바라보시며 그들의 철저한 무기력함을 보고 불쌍히 여기셨다. 이것이 우리가 기도할 때 예수님께서 우리 안에 불어넣어주기 갈망하시는 바로 그 영이다. 예수님은 그분의 긍휼로 우리의 굳은 마음을 녹이기 원하신다.

그 다음에 예수님은 "추수할 것은 많되…"(마 9:37)라고 말씀하셨다. 예수님은 이 말씀에서 '문제'가 아니라 '기회'를 강조하셨다. 한번 밖을 보라! 예수님을 위해 추수해야 할 열방들이 있다! 그들은 추수될 준비가 되어 있다. 얼마나 좋은 기회인가! 긍휼히 여기는 마음, 그리고 기회를 보며 추수가 준비되었음을 보는 비전, 이 두 가지가 '추수 기도'의 두 기둥이다.

"일꾼이 적으니." 거듭 말하지만 예수님은 이것을 숙명적인 '체념'이 아니라 '기회'로 말씀하신다. 그 당시에는 제자가 12명밖에 없었다. 그러나 그들이 기도하고 움직였을 때 그들은 12명이 아니라 72명이 되었고, 오순절 날에는 3천 명이 되었다.

어떤 선교사들은 이 구절을 '더 많은 일꾼을 확보하지 못하는' 구실로 삼고 계속해서 우는 소리를 한다. 통탄할 일이다. 예수님이 이 말씀을 하신 이유는 일꾼들을 배가하기 위함이다. 그들은 이 사실을 완전히 무시하고 '일꾼이 적음'을 두고 기도하지 않았다. 수많은 '제십일 시' 일꾼들이 세계 복음화를 향한 마지막 돌격에 참여하고자 기다리고 있는 이때에 우리는 예수님이 제공하시는 기도의 기회를 진지하게 받아들여야 한다.

> 그러므로 추수하는 주인에게 청하여 추수할 일꾼들을 보내주소서 하라(마 9:38).

하나님께 아프리카와 아시아와 북남미에서 일꾼들을 풀어 보내달라고 구하는 것, 그것이 이 세대를 위해 우리가 해야 할 핵심적인 기도이다. 진심으로 그것을 간구한 자들은 어느 날 그 땅에 가 있는 자신을 보게 될 수도 있을 것이다.

　기도하고 나가라!

Chapter 4

가장 좋은 것을 선택하라
— 예수님의 발 앞에 —

청소년 자녀들의 운동화를 사보니 가장 오래 가는 신발의 브랜드가 역시 제일 비쌌다. 우리 아이들도 싸구려 신발보다는 공인된 유명 브랜드 신발을 구입할 때 느끼는 심적 만족이 높았다. 이 원리는 기도에도 동일하게 적용된다. 값싼 기도 생활은 빨리 닳아 없어지지만 '말씀을 듣는 귀'를 갖고 하는 기도는 오래 간다. 그러므로 선택할 기회가 오면 가장 좋은 것을 취하라!

예수님도 누가복음 10장 42절에서 마르다에게 "마리아는 이 좋은 편을 택하였으니 빼앗기지 아니하리라"고 말씀하며 이 원리를 확증하셨다(물론 예수님은 운동화보다 샌들을 너 좋아하셨겠지만 말이다). 앞장에서 살펴보았듯이 마리아는 예수님의 발 앞에 앉아 그 말씀을 듣는 것을 선택했다. 듣기 위해서는 준비가 필요하다.

구약은 종종 신약에 나오는 영적 원리들을 '물질 세계의 현실'을 통해 설명한다. 예를 들어, 이스라엘의 전쟁과 전략들은 영적 전쟁을 이해하는 통찰력을 주고, 성막을 짓는 것은 비록 희미하지만 하나님의 임재 안으로 들어가는 방법을 엿보게 해준다. 구세주의 발 앞에 앉는 '마리아의 원리' 역시 자기 '기업을 무를 자'의 발 앞에 있는 구약의 영웅 이야기를 통해 훌륭하게 설명된다.

기도하는 여인 룻의 이름을 딴 룻기는 놀라운 구속 이야기를 담고 있다. 구속에는 두 가지 목적이 있다. 그것은 구원과 기업의 상속이다. "그 피를 보복하는 자"(신 19:6)와 "기업을 무를 자"(룻 2:20)가 두 가지 취지를 설명한다. 이 두 개념은 궁극적으로 '원수 갚음', 혹 더 나은 표현으로는 구원을 위한 '속죄'를 말한다. 이것은 우리의 잃어버린 기업을 완전히 다시 사시는 그리스도의 열정에서 영광스런 절정을 이룬다. 룻의 이야기는 '상속'의 요소에 더 중점을 두고 있다. 그리고 기도하는 삶은 하나님 나라의 영광과 확장을 위해 땅과 장소와 사람들을 다시 사는 일로 우리를 이끌어간다.

룻의 충성과 섬김은 죽음과 괴로움의 상황을 변화시켰다. 3장에 룻이 타작마당에서 밤샐 준비를 할 때가 바로 그 중심이 되는 순간이다. 이 부분은 사랑의 구속자의 발 앞에 우리가 앉고자 할 때 준비해야 할 몇 가지 주요한 기도의 원칙을 제공해 준다. 이제

이 구절들을 자세히 살펴보겠다.

"내 딸아 내가 너를 위하여 안식할 곳(영문을 직역하면 '집'―옮긴이)을 구하여 너를 복되게 하여야 하지 않겠느냐"(룻 3:1).

사람들은 때때로 '기도의 집'에 관해 이야기한다. 그렇지만 벽돌이나 돌이 기도하는 것은 아니다. 기도는 사람들이 한다. 우리의 진정한 집은 그리스도의 임재 안이다. 그곳은 언제나 우리에게 안식과 행복을 공급하는 장소이다.

기도의 원칙 1 : 씻으라!

룻은 자기 주인을 만나기 위해 어떤 준비를 했는가? "너는 목욕하고 기름을 바르고 의복을 입고"(룻 3:3).

그리스도의 피는 우리를 씻기는 궁극적인 세정제이다. 우리는 하나님께 나오기 전에 먼저 온전히 회개해야 한다. 이스라엘 사람들은 위생과 청결을 중요하게 여겼다. 그러므로 히브리서 저자가 이 '깨끗함의 문화'를 영적으로 설명한 것은 놀랄 만한 일이 아니다.

"염소와 송아지의 피로 하지 아니하고 오직 자기의 피로 영원한 속죄를 이루사 단번에 성소에 들어가셨느니라 염소와 황소의 피와 및 암송아지의 재를 부정한 자에게 뿌려 그 육체를 정결하게 하여 거룩하게 하거든 하물며 영원하신 성령으로 말미암아 흠 없는 자기를 하나님께 드린 그리스도의 피가 어찌 너희 양심을 죽은 행실에서 깨끗하게 하고 살아 계신 하나님을 섬기게 하지 못하겠느냐"(히 9:12-14).

의미 있는 기도를 드리기 위해서는 반드시 모든 영적인 공해와 죽음의 옷으로부터 깨끗케 준비되어야 한다. 시편 139편 23-24절에 나오는 다윗 왕의 기도는 하나님의 정결케 하시는 눈길 앞에 우리 자신을 여는 데 도움이 된다. "하나님이여 나를 살피사 내 마음을 아시며 나를 시험하사 내 뜻을 아옵소서 내게 무슨 악한 행위가 있나 보시고 나를 영원한 길로 인도하소서."

나는 아침에 일어나면 샤워실로 간다. 그리고 지치고 땀난 몸을 깨끗한 물로 씻는다. 비누나 샤워젤로 몸을 닦으며 하나님과 새로운 날을 시작하는 나를 온전히 깨끗케 해달라고 구한다. "평강의 하나님이 친히 너희를 온전히 거룩하게 하시고 또 너희의 온 영과 혼과 몸이 우리 주 예수 그리스도께서 강림하실 때에 흠 없게 보전되기를 원하노라 너희를 부르시는 이는 미쁘시니 그가 또한 이루시리라"(살전 5:23-24).

이것은 아주 단순한 예이다. 아침마다 귀찮아도 몸을 씻으면서 하나님의 임재와 한 날의 삶의 목적을 위해 우리를 거룩하게 하시도록 기도하면 좋지 않겠는가.

기도의 원칙 2 : 기름을 바르라

어느 유명한 권투 선수가 면도 후 바르는 스킨 광고에서 이렇게 말했다. "흠뻑 뿌리고 바르세요!" 구약에서 거룩한 관유(향기름)와 향품은 예배와 거룩케 하는 의식에 매우 중요했다. 그것들은 성령을 상징하는 것들이다. 성령은 그리스도의 아름다운 향기를 우리 위에 뿌리신다. 성령은 우리에게 '흠뻑 뿌려지기를' 간절히 원하신다. 호세아 14장 5-6절의 귀한 말씀이 영적 삶의 원리를 암시해준다. "내가 이스라엘에게 이슬과 같으리니 그가 백합화 같이 피겠고 레바논 백향목 같이 뿌리가 박힐 것이라 그의 가지는 퍼지며 그의 아름다움은 감람나무와 같고 그의 향기는 레바논 백향목 같으리니." 자연의 모든 생명은 매일 아침 새로 내리는 이슬을 먹으며 생존한다. 하물며 우리가 그리스도를 날마다 새로 깨닫는 것이 얼마나 중요하겠는가?

온통 쾌락을 쫓아가는 세상에서 애써 순결함을 추구하며 살아갈 때, 겉으로 보이는 우리의 삶은 연약한 꽃잎처럼 다치기 쉬워 보일지 모른다. 그러나 보이는 것 너머에는 하나님과의 관계, 즉 '뿌리의 삶'이 숨어 있다. 백향목의 뿌리를 본 적이 있는가? 백향목의 뿌리는 엄청나게 깊고 많다. 우리의 '뿌리의 삶'은 연약해 보이나 강한 힘을 가지고 있다. 꾸준히 정성들여 하나님의 말씀을 묵상하면 우리의 뿌리는 더 깊게 내려질 것이다.

최근 '아버지의 날'에 자녀들이 내게 준 선물은 '면도 후 바르는 스킨'이었다. 나는 특별히 '성경적인 향기'를 선물해달라고 주문했다. 자녀들은 하나님이 제일 좋아하시는 향기를 찾으러 여러 가게를 다녀야 했다. 그 향기는 바로 '백향목'이다! 하나님은 그의 말씀에 흠뻑 젖은 자들, 이슬 같이 신선하고, 다칠까 조심스러울 정도의 순결함을 지닌 자들의 향기를 사랑하신다.

한번은 어느 여자가 예수님께 와서 온 세상에 충격을 줄 만한 일을 했다. "내가 진실로 너희에게 이르노니 온 천하에 어디서든지 복음이 전파되는 곳에는 이 여자가 행한 일도 말하여 그를 기억하리라 하시니라"(막 14:9). 이 여인은 무슨 일을 했는가? "한 여자가 매우 값진 향유 곧 순전한 나드 한 옥합을 가지고 와서 그 옥합을 깨뜨려 예수의 머리에 부으니"(막 14:3). 최고의 향유는 희생으로부터 부어진다. 우리가 하나님을 위해 우리의 작은 '토기 그릇'의 삶을 기꺼이 깨뜨릴 때, 비로소 내면으로부터 향기가 흘러나올 수 있다. "향유 냄새가 집에 가득하더라"(요 12:3).

20여 년 전 나는 프랑스의 푸아티에(Poitiers: 고대 로마의 유적이 있는 프랑스 서부의 한 도시)가 내려다보이는 들판에 앉아 해돋이를 보며 성경을 읽고 있었다. 나는 그때 내 삶을 향한 하나님의 뜻을 찾고 있었다. 내가 그리스도의 임재 안으로 깊이 들어갈수록, 성경 속에서 '지금'이라는 단어가 하나님의 권위를 갖고 무겁게 내 마음을 눌렀다. "항상 우리를 그리스도 안에서 이기게 하시고 우리로 말미암아 각처에서 그리스도를 아는 냄새를 나타내시는 하나님께 감사하노라 우리는 구원 받는 자들에게나 망하는 자들에게나 하나님 앞에서 그리스도의 향기니 이 사람에게는 사망으로부터 사망에 이르는 냄새요 저 사람에게는 생명으로부터 생명에 이르는 냄새라 누가 이 일을 감당하리요"(고후 2:14-16).

진실로 누가 이 일을 감당하겠는가? 은혜로만 준비될 수 있고, 그리스도의 기름 부으심만이 그것을 가능하게 한다. 나는 그때 선교사로서의 부르심을 느꼈고 그 후로 '백향목' 향기를 넘치도록 뿌리며 살아왔다.

아시시의 프란시스(Francis)는 자신을 따르는 자들에게 복음 전도의 열정을 가지라고 권했다. 그는 "모든 상황마다 복음을 전하라. 그리고 필요하거든 말을 사용하라!"고 말했다. 그는 분명 그리스도의 향기가 지닌 또 다른 가능성에 대해 알고 있었다. 순결함을 지키고 예배와 기도로 다른 사람들을 섬기는 희생적인 삶을 유지하며 하나님의 말씀을 부지런히 자신에게 뿌려라. 그리고 성령이 우리를 새롭게 채우시도록 구하라.

기도의 원칙 3 : 가장 좋은 옷을 입으라!

결혼 전에 나는 그다지 옷에 신경 쓰지 않았다. 두 치수나 작은 바지와 꾀죄죄한 작업용 상의를 입고도 즐겁게 길을 걸어 다녔다. 그러나 나를 사랑하는 사람을 만났고, 그녀가 조심스럽고 재치 있게 내 의상을 좀 더 우아한 수준으로 끌어올려 주었다. 하나님도 이와 동일하게 그 아들의 아름다운 생명으로 우리를 옷 입히신다. 반지에 아름다운 보석이 박히려면 금의 역할이 필요하다. 이처럼 기도를 담을 수 있는 그리스도의 성품을 우리 안에 키워 가려면 거룩한 옷이 꼭 필요하다.

골로새서 3장 12-14절은 잘 갖추어진 성경적 옷장이다. 이 옷장에는 우리가 왕 앞에서 입을 다양한 의복들이 있고, 옷들은 크리스천의 일곱 가지 인격적 특성들로 갖춰져 있다. 함께 살펴보자. "그러므로 너희는 하나님이 택하사 거룩하고 사랑 받는 자처럼 긍휼과 자비와 겸손과 온유와 오래 참음을 옷 입고 누가 누구에게 불만이 있거든 서로 용납하여 피차 용서하되 주께서 너희를 용서하신 것같이 너희도 그리하고 이 모든 것 위에 사랑을 더하라 이는 온전하게 매는 띠니라"(골 3:12-14).

긍휼(골 3:12)

킹 제임스 성경은 '긍휼'을 '창자 속 깊은 자비'라고 번역한다. 이런 옛 단어들은 우리의 내면 깊숙이 어떤 감각을 전달한다. 본능적으로 느낄 수 있는 영혼 깊은 곳의 산고와 신음 말이다. 예수님은 목자 없는 양 같은 백성을 보실 때, 또 나사로의 무덤에서 우실 때, 이런 긍휼을 느끼셨다. 긍휼은 우리의 기도에 불을 붙이고 우리 삶을 그리스도를 위해 불타게 하는 데 반드시 필요한 촉매제이다. 그것은 다른 이들의 고통을 아파하며 동일시하는 마음으로서 기적이 일어날 수 있는 발판을 세운다.

자비(골 3:12)

친절하고 기분 좋은 사람이 되라. 영혼 구원의 강력한 기적을 행사하는 기름 부으심을 구하기 전에 먼저 '친절한 사람'이 되게 해달라고 기도하라. 단순히 베푼 친절이 1년치 승리의 기름 부으심보다 더 많은 영혼을 돌이킬 수 있다. 여기서 사용된 헬라어는 '크레스토테스(chrestotes)'로서 '필요'를 뜻하는 '크레이아(chreia)'라는 단어에서 파생되었다. 문자 그대로의 의미는 '다른 이들의 필요를 섬기기 위해 스스로를 쓸모 있게 하고자 하는 소원'이다. 친절한 실질적인 도움은 크리스천의 다양한 사역을 성공으로 이끄는 핵심 요소이다. 요리사와 청소하는 사람, 건축사와 정원사, 간병인과 보호자들은 그들의 실질적인 베풂으로 하늘을 연다. 그들의 섬김은 살아 있는 기도이다. 이런 성품이 없음을 느낀다면 영적 빈곤이 시작될 징조이다.

겸손(골 3:12)

하나님은 교만한 자를 물리치시고 겸손한 자에게 은혜를 주신다(약 4:6). 겸손은 현관의 매트처럼 자신을 밟히게 하는 것이 아니다. 겸손은 나의 방식을 내려놓고 다른 사람을 배려하는 데서 조용한 힘을 발휘한다. 겸손한 자들은 하나님이 때가 되면 자신을 높이실 것을 신뢰한다(벧전 5:6). 헬라어 원문에 있는 '타페이노프로시네(tapeinophrosyne)'는 구별된 두 단어인 '타페이노스(tapeinos, 겸손하다 또는 낮다)'와 '프렌(phren, 지성 또는 정신력)'의 합성어이다. 그리스도가 이 겸손한 정신의 위대한 본을 보이셨고, 바울도 우리에게 "아무 일에든지 다툼이나 허영으로 하지 말고 오직 겸손한 마음으로 각각 자기보다 남을 낫게 여기(라)"고 빌립보서 2장 1-11절에서 권고하고 있다. 이 말씀은 '겸손'에 대한 가장 뛰어난 표현이다.

온유(골 3:12)

이것은 '길들여진 힘'이다. '온유(gentleness)'라는 영어 단어는 때때로 순진한 '약함'의 의미가 느껴진다. 헬라어 원문의 단어 '프라오테스(praotes)'의 의미와는 상반된 개념이다. 이 단어는 라틴어 '미티스(mitis)'의 의미인데, '미티스'는 길들여진 동물을 묘사하는 데 쓰인다. 사람이 탈 수 있는 힘 센 종마(種馬)의 이미지가 이 단어가 전달하는 개념인 것이다. 이것은 길들여지지 않으면 위험할 수 있는 엄청난 '힘'의 개념이다.

고대 헬라어는 이 온유의 개념에 '달래는 것처럼'이라는 뜻을 추가했다. 아리스토텔레스는 이것을 분노와 약함의 중간 정도로 정의했다. 하나님은 모든 믿는 자의 마음에 엄청난 힘을 불어 넣으셨다. 이런 힘은 성령께 순종하고 잠잠히 복종함으로 길들여야 한다. 족장이었던 야곱은 다리를 절며 한 나라를 축복하는 법을 배웠다(히 11:21). 진정한 예배자들 또한 온유함의 힘을 배워 왔다. "하나님께서 구하시는 제사는 상한 심령이라 하나님이여 상하고 통회하는 마음을 주께서 멸시하지 아니하시리이다"(시 51:17).

오래 참음(골 3:12)

나의 인내는 이제는 키가 커져 맞지 않는 바지처럼 너무나 짧다. 여기서 말하는 오래 참음의 개념은 그저 '기다리는 능력'의 의미를 뛰어넘는다. 이 개념의 진정한 아름다움을 이해하기 위해 또 한 개의 헬라어 참고문을 언급해도 전혀 지루하지 않을 것이라고 믿는다.

고대 그리스인들에게 가장 가치 있는 개념 중 하나는 '메가로프사이키아(megalopsychia)', 말 그대로 '영혼의 힘'이라는 개념이었다. 아리스토텔레스는 이것을 '잘못을 용서하거나 관용을 거부하는 자존심'이라고 정의했다. 요컨대 이것은 부당하게 취급당한 한 사람의 명예를 되살리고자 하는 복수의 영이다.

예수님과 그 제자들은 이와 정반대인 '마크로튜미아(makrothumia)', 또는 인내라는 크리스천의 덕목으로 이 문화 규범에 맞섰다. 그 동사 형태인 '마크로튜메인(makrothumein)'과 함께 이 오래 참음의 급진적인 새 개념은 두 가지 사상을 전달한다.

첫 번째 사상은 포기하지 않고 끝까지 인내하는 끈질긴 헌신의 '집요함'이다. 이러한 집요함은 저항하기 힘든 곤경 앞에서도 하나님의 약속을 붙든 아브라함에게서, 또 인생의 긴 순례 길을 지나며 부르심의 소망을 꼭 붙잡는 모든 신실한 크리스천들에게서 찾을 수 있다. 한 마디로 이것은 저항이요 인내이다. 유명한 프랑스 위그노 교도인 마리 듀란드(Marie Durand)는 자신의 신앙 때문에 아이구에스 모르테스에서 탑 속에 수년을 갇혀 있었다. 그녀는 매일 시련과 유혹에 부딪쳤지만 참아냈다. 그녀가 풀려난 후 사람들은 감옥의 벽에 새겨진 글자를 발견했다. '저항하라(Resister)'. 두 번째 사상은 이보다 더 벅차다. 이것은 불가능한 상황에서도 계속해서 용서하고 선을 행하는 사랑을 의미한다. 이 개념은 당시 세계관에선 터무니없는 비방거리였다. 심지어 요즘에도 이 '오래 참는 사랑'은 인생에 산재해 있는 분열과 복수의 모든 사상과 엇갈린다.

참으로 '마크로튜미아'는 하나님이 발의하신 개념이다. 하나님 자신이 '노하기를 더디하(신다)'(출 34:6)고 묘사되어 있다. 오직 우리 안에 그리스도의 영이 충만하고, 우리의 이기적인 본성을 십자가에 못 박아야만 비로소 인류는 이러한 인내를 갖출 수 있다.

서로 용납하여(골 3:13)

장 폴 사르트르는 "타인이 바로 지옥이다"라는 유명한 말을 남겼지만, 이 말은 다른 사람들의 연약함을 용납하는 공동체들로 인해 사실이 아닌 것으로 밝혀졌다. 초기 인간은 생명나무 대신 판단의 나무에서 열매를 따먹으며 타락했다. 사람들에 대한 각종 판단으로 가득 찬 입과 마음 대신 좋은 점을 찾아내는 좀 더 긍정적인 마음을 키워보자.

"남의 하인을 비판하는 너는 누구냐 그가 서 있는 것이나 넘어지는 것이 자기 주인에게 있으매 그가 세움을 받으리니 이는 그를 세우시는 권능이 주께 있음이라"(롬 14:4). "그런즉 우리가 다시는 서로 비판하지 말고 도리어 부딪칠 것이나 거칠 것을 형제 앞에 두지 아니하도록 주의하라"(롬 14:13).

교회 밖의 사람들에 대해서는 어떠한가? "밖에 있는 사람들을 판단하는 것이야 내게 무슨 상관이 있으리요마는 교회 안에 있는 사람들이야 너희가 판단하지 아니하랴 밖에 있는 사람들은 하나님이 심판하시려니와"(고전 5:12).

잘못을 범한 사람일지라도 한 영혼은 그리스도의 피로 산 소중한 의미이다. "누가 누구에게 불만이 있거든 … 피차 용서하되 주께서 너희를 용서하신 것 같이 너희도 그리하고"(골 3:13). 서로 용서하는 이 은혜로운 겉옷은 우리가 효과적인 기도를 하기 위해 반드시 준비해야 할 요소 중 하나이다.

'용서'의 헬라어 원어를 보는 것이 많은 도움이 된다. 바울은 '카리스(charis)'에서 파생한 '카리조마이(charizomai)'라는 동사를 사용한다. 문자 그대로의 의미는 '행동으로 나타난 은혜'이다. 카리스마적(charismatic)이라는 것은 완전히 다른 사람들을 용서한다는 뜻이다.

신약에 나오는, '용서'를 뜻하는 또 하나의 헬라어는 '아피에미(aphiemi)'다. 이 단어의 의미는 '놔두고 잊다, 포기하다'이다. 이 단어는 용서의 문맥에서 사용될 때, 하나님이 우리를 죄책감에서 완전히 해방시켜 주신다는 의미를 갖는다. 그리스도도 우리를 죄에서 자유케 하신 십자가에서 마지막 숨을 거두실 때 이 단어를 사용하셨다. '용서'란 말은 우리가 과거의 모든 추함과 정죄함에서 떠날 수 있다는 의미이다. "아버지 저들을 사하여 주옵소서 자기들이 하는 것을 알지 못함이니이다"(눅 23:34).

하지만 사도 바울이 하나님의 용서나 형제들 간의 용서를 의미하며 사용하는 '카리조마이'라는 단어는 '아피에미'보다 한 단계 더 나간다. 바울에게 있어 용서는 그리스도를 닮는 수준을 말한다. 우리는 용서하는 과정에서 인내하고 고통을 겪으면서 비로소 크리스천으로서 장자의 상속권을 얻게 된다. 용서는 신의 행위이다. 그리스도가 우리를 관대하게, 대가를 요구하지 않고, 확실하게 용서하신 것처럼 우리 또한 이와 동일하게 넘치는 관대함으로 형제들을 용서해야 한다. 그렇게 함으로 우리는 거룩하신

분의 흔적을 지니게 된다.

사랑(골 3:14)

"이 모든 것 위에 사랑을 더하라 이는 온전하게 매는 띠니라"(골 3:14). 더럽거나 힘든 일을 해야 할 때면 우리는 작업하기 적당한 옷으로 갈아입는다. 크리스천이 마지막으로 겉에 입을 옷은 '모든 것 위에' 사랑이다. 사랑은 우리가 인생의 시련으로 더럽혀지지 않도록 막아준다. "사랑은 허다한 죄를 덮(는다)"(벧전 4:8).

"(사랑은) 모든 것을 참으며(판타 스테구에이, 'panta steguei')…"(고전 13:7). '스테구에이'라는 동사는 원래 '덮는다'는 뜻을 지닌다. 우리가 설사 다른 덕목들로 옷 입기를 잊어버려도 사랑하고자 노력하면 자신을 '덮고' 따뜻함을 유지할 수 있다. 사랑은 다른 모든 것들을 함께 매는 허리띠다. 그것은 그리스도 안에서 우리가 옷 입는 모든 행위의 완성이요 마지막 종착역이다.

보아스의 발치에 있는 룻에게 돌아가기 전에, 성경 번역본(Amplified translation)에 상세히 설명된 사랑의 정의를 인용함으로써 이번 단락을 마무리 짓고자 한다.

> 사랑은 오래 참고 인내하며 친절하다. 사랑은 결코 시기하지 않으며 질투로 끓어오르지 않는다. 사랑은 자랑하거나 허영심이 세지 않으며 그 자신을 거만하게 드러내지 않는다. 사랑은 교만하고 자만으로 부풀

어 우쭐해하지 않는다. 사랑은 무례하지 않으며 격에 어긋나게 행동하지 않는다. 사랑(우리 안에 계신 하나님의 사랑)은 자기 자신의 권리나 방법을 주장하지 않는다. 자기의 유익을 구치 않기 때문이다. 사랑은 과민하거나 까다롭거나 성을 잘 내지 않는다. 사랑은 자신에게 행해진 악을 신경 쓰지 않으며 부당하게 겪은 고생에 주의를 기울이지 않는다. 사랑은 부정과 불의를 기뻐하지 않으며 의와 진리가 승리할 때 기뻐한다. 사랑은 다가오는 무슨 일을 막론하고 다 참아내며, 모든 사람의 가장 좋은 점을 언제나 기꺼이 믿고, 모든 상황 아래 그 소망이 스러지지 않으며, 나약해지지 않고 모든 것을 견딘다. 사랑은 결코 실패하지 않는다. 결코 쇠하거나, 진부하여 쓸모없어지거나, 끝나지 않는다(고전 13:4-8).

시간의 시험이 가장 어렵다

이제 룻은 꼼꼼하게 준비하고 자리 잡을 장소를 민감하게 살피고 있다. 누군가 말하기를 성공하고 싶다면 하나님이 하고 있는 일을 찾아 그분과 함께 그 일을 하라고 했다. "그가 누울 때에 너는 그가 눕는 곳을 알았다가 들어가서 그의 발치 이불을 들고 거기 누우라 그가 네 할 일을 네게 알게 하리라"(룻 3:4).

성공의 열쇠는 하나님께 무엇을 해달라고 말하거나 단지 우리의 필요와 계획을 축복해 달라고 부탁하는 데 있지 않고 그의 뜻과 방법을 분별하는 데 있다. 우리는 룻처럼 민감하게 복종하고 순종하는 법을 배워야 한다. "어머니의 말씀대로 내가 다 행하리이다"(룻 3:5).

우리에게는 우리의 죄와 수치를 덮으신 구속자가 계시기에 자유함과 자신감을 갖고 하나님께 나아갈 수 있다. 우리는 그리스도가 흘리신 피 때문에 하나님 앞에서 우리의 이름을 말할 수 있다. 구속을 깨달을 때 우리의 기도에 힘이 생긴다. "네가 누구냐 하니 대답하되 나는 당신의 여종 룻이오니 당신의 옷자락을 펴 당신의 여종을 덮으소서 이는 당신이 기업을 무를 자가 됨이니이다"(룻 3:9).

워치만 니(Watchman Nee)는 깊은 동양적 지혜로 이런 말을 했다. "모든 시험 가운데 시간의 시험이 가장 어렵다. 그러나 우리는 하나님을 기다리는 법을 배워야만 한다. 그래야 진정 그분이 행하시는 일에 속할 수 있다 … 아브라함은 인내로 하나님을 기쁘시게 해드렸고 그 선물로 이삭을 받았다. 이것은 전적으로 하나님이 행하신 일이었으며 기다릴 만한 충분한 가치가 있었다. 인간이 평생 애써 수고함보다 단 한 번이라도 하나님이 우리를 위해 일하시게 하는 것이 낫다."

룻은 이 '잉태된 기다림'을 어느 정도 알고 있었다. 그래서 "가난하건 부하건 젊은 자를 따르지 아니하였다"(룻 3:10). 룻은 어떤 일을 계획할 때 자신의 능력을 신뢰하지 않고 기업 무를 자를 기꺼이 기다릴 자세를 취했다. 그녀의 주인은 그녀가 자신의 방법을 포기한 것에 깊은 감동을 받았다. 이와 같이 그리스도도 우리가 그분을 기다릴 때 존중 받으신다.

룻의 준비는 보아스의 입술에서 놀라운 기도 약속을 얻어냈다. 그리스도도 마지막 만찬에서 제자들에게 사랑으로 말씀하시며 다음을 약속하셨다. "내 이름으로 무엇이든지 내게 구하면 내가 행하리라"(요 14:14). 보아스의 예언적인 선포는 이러했다. "이제 내 딸아 두려워하지 말라 내가 네 말대로 네게 다 행하리라"(룻 3:11). 룻은 진정으로 마리아와 그 뒤를 따른 다른 많은 이들처럼 자기 주인의 발 앞에 머무는 '좋은 편'을 택했다.

능력의 약속 앞에서 무엇을 구할 것인가

우리는 기도를 통해 그리스도를 새롭게 추구해 나가야 한다. 우리의 삶 전체가 점점 더 그리스도를 닮아 가고자 애쓰며 하늘의 대화에 준비되기 원한다. 그리스도가 제자들에게 주시는 약속, 그리고 신실하게 우리와 교제하기 원하시는 아버지의 격려로 우리는 마음속에 두려움을 쫓고 믿음을 심어야 한다. "이제 내 딸아 두려워하지 말라 내가 네 말대로 네게 다 행하리라"(룻 3:11).

이런 후한 약속은 솔로몬 왕에게 주신 하나님의 말씀에서도 메아리친다. "내가 네게 무엇을 주랴 너는 구하라"(대하 1:7).

이렇게 모든 것을 포함하는 단도직입적인 약속에 어떻게 즉각적으로 반응하겠는가? 대부분의 사람들은 새 차나 더 큰 집을 생각할 것이다. 그 다음으로 명성과 재산을 댈 것이다. 건강과 장수도 틀림없이 있을 것이다. 어떤 이는 모든 테러범과 악한 자들이 체포되는 것을 위해 기도할지 모른다. 그렇지만 이런 응답이 궁극적으로 내게 좋은 일인가? 나는 그 응답을 감당할 수 있는가?

이것은 기도에 있어 매우 어려운 과제이다. 공급을 못하시는 하나님의 무능력이 아니라 그분이 주시는 엄청난 규모의 공급을 감당하지 못하는 우리가 문제이다. 이렇게 엄청난 능력의 약속을 생각하면 할수록 이것을 주제 넘게 남용하지 않고 보호할 무언가가 필요함을 느낀다. 약속의 능력을 타협하거나 희석하지 않고 우리 인간의 마음을 하나님의 후하신 수준까지 넓힐 그 무엇이 필요하다.

그 특별한 '무엇'이 바로 솔로몬이 기도하며 구한 것이었다. "주는 이제 내게 지혜와 지식을 주사…"(대하 1:10). 열왕기상 3장 9절에는 이렇게 표현되어 있다. "선악을 분별하게 하옵소서." 기도의 핵심은 바르게 구하고 완전한 공급을 위해 하늘로부터의 지혜와 분별력을 구하는 것이다. 하나님은 이러한 '지혜에 초점을 둔' 삶을 기뻐하신다. "솔로몬이 이것을 구하매 그 말씀이 주의 마음에 든지라"(왕상 3:10).

　하나님의 멋진 약속 앞에서 솔로몬의 즉각적인 반응은 이기적이지 않았다. "이런 마음이 네게 있어서 부나 재물이나 영광이나 원수의 생명 멸하기를 구하지 아니하며 장수도 구하지 아니하고 오직 … 지혜와 지식을 구하였으니"(대하 1:11). 그의 첫 반응은 하나님을 섬기는 것이었다. 그의 소원은 약속의 능력을 하나님의 목적을 위해 사용하는 것이었다. 그로 인해 하나님은 솔로몬의 모든 삶 위에 후하심을 베푸셨다. "내가 또 네가 구하지 아니한 부귀와 영광도 네게 주노니 … 네가 만일 네 아버지 다윗이 행함같이 내 길로 행하며 내 법도와 명령을 지키면(지혜 가운데 걸으면) 내가 또 네 날을 길게 하리라"(왕상 3:13-14). 이것이야말로 참된 부를 얻는 열쇠이다.

　지금까지 우리는 소박한 기도의 여인과 영화로운 왕을 살펴보았다. 이제 마가복음 10장 35-52절에서 눈 먼 거지 바디매오와 예수님의 제자 야고보와 요한이 이와 동일한 능력의 약속을 받는 것을 본다.

　바디매오는 진정한 기도의 구경꾼들인 '모든 사람'을 상징한다. 그들은 수동적으로 길가에 앉아 크리스천의 삶을 유지하기 위해 소량의 영적 양식을 구걸한다. 그들은 진정한 기도의 관점에는 눈이 멀어 있다. 이런 자들에게도 하나님은 관대하게 말씀하신다. "안심하고 일어나라 그가 너를 부르신다"(막 10:49). 하나님이 당신을 기도의 삶으로 새롭게 부르시도록 하라. 방해하는 모든 것을 벗어버리고 그리스도께 다시 나와 그분이 주시는 약속을 들으라.

"맹인이 겉옷을 내버리고 뛰어 일어나 예수께 나아오거늘 예수께서 말씀하여 이르시되 네게 무엇을 하여 주기를 원하느냐"(막 10:50-51). 이에 어떻게 대답하겠는가? "선생님이여 보기를 원하나이다"(막 10:51). 그는 눈이 뜨이고 믿음이 새로워져서 "예수를 길에서 따랐다"(막 10:52). 기도의 가능성에 눈을 뜨고 믿음이 솟아나기 바란다. 또한 우리의 길도 그리스도를 따르는 길이 되기를 바란다.

야고보와 요한은 또 다른 부류를 상징한다. 그들은 하나님의 약속을 취하는 방식에 있어 뻔뻔스러울 정도로 자신들의 이름을 하늘에 확보하려고 했던 열성적인 제자들이다. 그들은 영광을 원했으나 그것을 위해 치러야 할 대가는 과소평가했는지 모른다. 그들은 기도 응답을 구한다. "선생님이여 무엇이든지 우리가 구하는 바를 우리에게 하여 주시기를 원하옵나이다"(막 10:35). 예수님의 약속은 그들에게도 열려 있다. 예수님은 "너희에게 무엇을 하여 주기를 원하느냐"(막 10:36)라고 물으신다. 그들은 하늘에서 특권 있는 자리를 달라고 요청한다. 그들은 솔로몬의 지혜가 주는 교훈을 잊은 듯하다.

"너희는 너희가 구하는 것을 알지 못하는도다"(막 10:38). 많은 사람들은 야망과 미성숙함에 이끌려 자신이 정말 무엇을 구하는지 모른다. 나 역시 어쩌면 이 '많은' 사람들 중 하나일지 모른다. 예수님은 그런 이들의 기도에 등을 돌리지 않으신다. 다만 그들이 대가를 기꺼이 치르려고 하는지 물어보신다. "내가 마시는 잔을 너희가 마실 수 있으며 내가 받는 세례를 너희가 받을 수 있느냐"(막 10:38). 당신은 정말 기도 사역의 대가를 치를 준비가 되어 있는가? 아니면 '대가를 기도로 지불하지' 않고서 하나님의 일에 있어 좋은 자리를 원하기만 하는가? 야고보와 요한처럼 우리도 하나님께 자신의 대답을 드리게 될 것이다.

세례 요한이 말했듯이 "만일 하늘에서 주신 바 아니면 사람이 아무것도 받을 수 없느니라"(요 3:27). 값진 기도의 삶을 살 수 있도록 새로운 구별됨을 부어달라고 기도하라. 혹 당신의 기도가 피상적이었거나 다소 건방졌다면 회개하라.

예수님은 기도의 위대한 약속들을 믿으며 가는 자들이 자신의 마음을 다스리라는 뜻으로 이렇게 적절히 결론을 맺으신다. "너희 중에 누구든지 으뜸이 되고자 하는 자는 모든 사람의 종이 되어야 하리라 인자가 온 것은 섬김을 받으려 함이 아니라 도리어 섬기려 하고 자기 목숨을 많은 사람의 대속물로 주려 함이니라"(막 10:44-45).

Chapter 5

네 명의 웨일즈 아버지들

– 세대 간의 시너지 효과 –

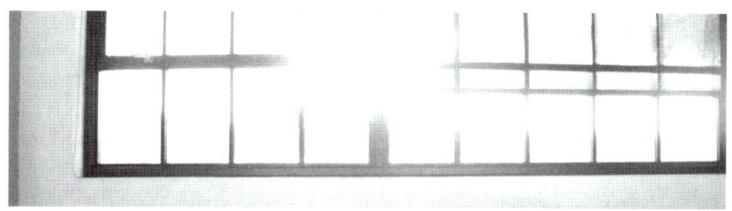

"성공하고 싶다면 하나님이 하고 있는 일을 찾아 그분과 함께 그 일을 하라"고 앞에서 말했지만 이런 기본 위에 우리는 또한 시간과 공간의 제한을 넘어 여러 세대에 걸쳐 하나님이 어떤 일을 해오셨는지 아는 것도 중요하다. 그러기 위해서는 개인의 신앙 역사를 되돌아볼 뿐 아니라, 성경 말씀을 연구하고 묵상하며 성경 속에서 그분이 하신 일을 찾아보는 것 또한 중요하다.

'아버지'는 공동체의 지혜와 문화, 그리고 축복을 다음 세대에 전달해야 하는 성경적 부르심이 있다(안타깝게도 그 소명을 감당하지 못할 때는 반대의 의미가 될 수도 있다). "후손이 그를 섬길 것이요 대대에 주를 전할 것이며 와서 그의 공의를 태어날 백성에게 전함이여"(시 22:30-31). 좋은 아버지가 되는 데 있어 가장 중요한 일은 기도와 중보이다.

아버지가 누구인지 알 때 우리는 자기 정체성을 확보하고 직업을 갖는 일에 힘을 얻고 안정감을 느낀다. 이것은 개개인의 가족에게도 적용되지만 국가적으로도 마찬가지다. 우리는 우리의 뿌리를 어느 정도 이해할 필요가 있다. 육체적, 영적 아버지들이 우리에게 넘겨준 배턴은 무엇인가? "너희를 떠낸 반석과 너희를 파낸 우묵한 구덩이를 생각하여 보라 너희의 조상 아브라함과 너희를 낳은 사라를 생각하여 보라"(사 51:1-2).

우리의 첫 아버지는 아브라함이며, 그는 하늘로부터 선교의 부르심을 받았다. "너는 너의 고향과 친척과 아버지의 집을 떠나 내가 네게 보여줄 땅으로 가라"(창 12:1). 우리도 아브라함처럼 그런 부르심을 갖고, 그에게 상속된 선교에 대한 열정이 강하게 타오르기를 바란다. "땅의 모든 족속이 너로 말미암아 복을 얻을 것이라"(창 12:3).

나의 기도생활과 선교를 향한 노력들은 네 분의 웨일즈 아버지들의 기도에 뿌리를 두고 있다. 당신이 유업 받은 자리를 찾아가는 데 있어 그들의 이야기가 도움이 되기를 바란다. 그들의 기도는 시간을 초월한다. 또한 그들은 믿음으로 그 길을 따라가는 이들이 가져야 할 덕과 기도의 유산을 남겼다.

쌍둥이 아버지의 섬김과 기도의 삶

나의 아버지는 웨일즈 출신의 고아로 쌍둥이 아들을 갖고 싶어 하셨다. 그리고 그 꿈이 실현되려는 순간, 아버지가 꿈꾸었던 쌍둥이는 조산하여 병원에서 죽어가기 시작했다. 아버지는 괴로운 마음으로 집에 돌아와 마룻바닥에 엎드려 하나님의 도우심을 간절히 구했다. "오, 하나님! 제 아이들에게 생명을 주십시오. 저에게 자녀들을 사랑하는 마음을 주시고, 그들을 먹이고, 그들의 필요를 채우게 해주십시오. 아이들이 스스로를 돌볼 수 있을 때는 데려가셔도 좋습니다. 부디 제게 그들을 사랑할 시간을 주십시오." 아버지는 기도를 마치고 자리에서 일어서며 그 기도가 하나님의 마음에 가서 닿았음을 느꼈다. 하나님이 기도를 받으셨다는 확신이 들자 장래를 향한 믿음이 솟아올랐다.

쌍둥이 아버지가 보여준 기도의 본은 다소 모호하고 지나치게 영적이어야 한다는 중보 기도의 개념에 현실적인 살을 붙인다. 그는 자신이 가진 모든 것을 기도 속에 기꺼이 쏟아 부었다. 기도를 자신의 것으로 삼고, 사랑과 희생으로 그것을 소유하는 것, 그런 다음에는 다시 하나님께 드리며 자신의 주권을 하나님께 순복시키는 것 말이다. 이것이 바로 예수님이 삶 속에서 보여주신 중보 기도이다. 예수님은 우리를 죽음에서 다시 살리기 위해 마지막 피 한 방울까지 자신의 모든 것을 다 바쳐 고통 당하는 인류의 아픔을 품으셨다. 그리고 부활의 생명을 믿음으로 바라며 그 아픔을 모두 하나님께 다시 올려드리셨다.

아버지는 그때의 일을 회상하며 이렇게 말씀하셨다. "가장 깊숙한 곳까지 내려갔단다. 그리고 거기 제일 밑바닥에서 어떤 마음을 하나 만졌지 … 바로 하나님의 마음이었어." 깊이 내려가서 마음을 만지는 것, 이 얼마나 만족스런 기도의 정의인가!

안타깝게도 이 책을 쓰기 시작할 무렵 아버지가 돌아가셨다는 소식을 들었다(2004년 10월 1일). 물론 나는 슬픔에 많은 눈물을 흘렸지만, 아버지의 섬김과 기도의 삶에 감사하는 마음이 더욱 컸다. 아버지는 그렇게 아버지의 역할을 온전히 담당하셨다.

아브라함이 세상을 떠날 때를 기록한 말씀을 보자. "그의 나이가 높고 늙어서 기운이 다하여 죽어 자기 열조에게로 돌아가매"(창 25:8). 불어로 번역하면 그가 '이미 세상을 떠난 조상들과 재결합했다'라고 표현되어 있다. 고아였던 나의 아버지는 아마도 영원한 가족을 다시 찾는 기쁨을 새로 발견하고 계실 것이다. 적어도 믿음의 어머니, 믿음의 아버지와는 재결합하셨으리라. 생전에 아버지는 하늘에서 어떻게 자신의 부모를 알아볼 것인지에 대해 이렇게 말씀하셨다. "그들 안에 있는 사랑을 내가 알아볼 거다."

깊은 헌신과 섬김, 감사와 행복, 그리고 깊은 사랑으로 꽉 안아주시던 아버지의 심오한 말씀이다. 아버지가 내게 마지막으로 남기신 말씀 가운데 하나는, 그분이 카디프에서 주일학교 때 암송하셨던 '인생' 이라는 제목의 산문시다.

> 인생,
> 그것이 바큇자국 하나 없는 길 같은
> 그리 쉬운 길인 줄 알았는가?
> 긴 여름날 종일 내리쬐는 햇빛을 가릴
> 구름 한 점 없는 길인 줄 알았는가?
> 불협 없는 완벽한 화음에, 매일같이 휴일인 줄 알았는가?
> 아니, 인생은 그렇지 않다.
> 인생은 종종 전쟁으로 가득 차 강한 사람의 힘이 필요한 곳이며,
> 녹초가 되는 길고 긴 고속도로와도 같다.
> 때로는 미소를 거둬가고, 눈가를 촉촉이 적시기도 하며,
> 애쓰고 노력했던 상을 놓치기도 한다.
> 그러나
> 말로 다 설명할 수 없지만,
> 절대 용기를 잃지 말라.
> 우리의 인생은 위대한 목적을 가지고 있으며,
> 대장 되신 그리스도가 그 열쇠를 쥐고 계신다!

아버지, 사랑과 영감을 주시고 본을 보여주셔서 감사드립니다. 안녕히 가십시오. 우리 다시 만나요!

중보 기도의 아버지 로우랜드 에반즈

이제 '월드 호라이즌(World Horizons)'과 '네이션즈(Nations)'라는 선교운동 두 개를 창시한 웨일즈의 두 번째 아버지, 로우랜드 에반즈(Rowland Evans)를 소개하고자 한다. 보이지 않는 곳에서 이루어진 5년의 중보 기도가 이 운동들을 탄생시켰다. 그렇다면 그는 어떤 부담을 안고 기도했을까?

1970년대 초 영국교회는 부흥의 숨결을 경험하고 있었다. 많은 소그룹이 가정마다 새롭게 일어나고 있었고 로우랜드는 이런 모임들에서 아주 인기 있는 성경 교사가 되었다. 사역이 절정에 이르고 많은 사람들이 그를 원했을 때, 하나님은 그에게 공적으로 드러나는 삶에서 물러나 몇 년간 기도하는 데 인생을 바치라고 도전하셨다. 중보 기도에 대한 부담이 이슬처럼 그의 마음에 내려앉았다.

기도하는 가운데 하루하루가 지나갔다. 하루는 몇 주가 되고, 몇 주는 몇 달이, 몇 달은 몇 년이 되었다. 하나님은 로우랜드를 깊은 중보 기도로 이끄셨다. 3년간의 집중적인 중보 기도를 마친 후 2년을 더 기도하면서 그의 안에 있던 부담감은 사라지는 듯했다. 5년 동안이나 중보 기도를 하다니! 어떻게 그토록 오랫동안 기도할 수 있었느냐고 로우랜드에게 물어본 적이 있다. 그는 무슨 기도를 했을까? 긴 목록의 기도제목들이 있었을까?

나는 그의 대답을 듣고 깜짝 놀랐다. "중보 기도는 마음이 깨어지는 것과 같지. 중보 기도는 예수님이 세상 나라들을 위해 부르짖으시는 일에 동참하는 거야. 때때로 기도는 단지 세상 사람들을 향한 예수님의 마음을 표현하는 것일 뿐이네. 하나님이 내게 주신 기도는 한 마디로 요약할 수 있어. '오, 하나님! 당신의 일을 제게 주옵소서!'"

중보 기도는 '깨어진 마음'이다. 이것은 기도를 정의하는 또 하나의 언어, 곧 기도의 영광을 노래하는 아름다운 시다.

웨일즈 대부흥의 아버지 에반 로버츠

1904년 웨일즈 대부흥 100주년(2004년)을 기억하면서 좀 더 역사적이고 예언적으로 매우 중요한 웨일즈의 아버지 한 분을 더 소개하겠다. 에반 로버츠(Evan Roberts). 그는 루고르 모리아에 있는 예배당에서 소년 시절부터 강한 소원을 품고 기도했다. 그것은 자기 삶의 모든 부분에서 하나님을 존중하고 신실하게 섬기고 싶다는 기도였다. 이 소원은 점점 커져서 마침내 그는 직장을 그만두고 사역을 준비하기에 이르렀다.

로버츠는 자신의 결정을 친구에게 설명하며 이렇게 썼다. "자세히 돌아보니 다음의 동기들이 내 삶을 이끌고 있지 뭔가. 첫째는 10년 동안 꺼지지 않았던 내 영혼의 열정적인 갈망이었고, 둘째는 하나님 백성들의 목소리였으며, 셋째는 성령을 주겠다고 약속하신 하나님의 무한한 사랑이었네. 지난 주일 밤 하나님이 하시는 일의 위대함과 내가 하나님의 이름을 더럽힐 위험을 생각하면서 나는 울 수밖에 없었네. 그리고 주님이 자네와 나에게 성령으로 세례 주시기를 기도했네."

이 편지와 그 당시 로버츠의 다른 글들을 보면, 하나님을 진심으로 찾던 많은 이들의 특징이 공통적으로 드러난다. 그것은 그들의 마음 깊은 곳에 있는 갈망이 성령이 곧 찾아오시리라는 견고한 확신과 밀접하게 연결되어 있었다는 점이다. 1859년과 1735년에 일어난 웨일즈의 종교 각성 운동 지도자들 또한 기꺼이 하나님의 약속을 믿음으로 취하고 그분의 말씀을 존중하기 위해 그분을 바라보고자 하는 마음을 경험했다. 에반 로버츠가 초기 부흥에 관련된 사람들과 공유했던 또 하나의 경험은, 하나님의 임재가 가까이 다가온다는 압도적인 느낌이었다. 이 친밀한 교제의 순간은 1904년 봄에 로버츠에게 찾아왔다. 그는 그 순간을 다음과 같이 잘 설명하고 있다.

지난 봄, 어느 금요일 밤 나는 잠들기 전에 침대 옆에서 기도하다가 시간과 공간을 초월한 광활한 곳으로 이끌림 받았다. 그것은 하나님과의 교제였다. 이 일이 있기 전에 나는 하나님이 멀리 계시다고 생각했다.

그날 밤 나는 그 경험이 놀랍고 두려웠지만 그 후로는 두렵지 않았다. 몸이 너무 떨려 침대가 흔들릴 정도였고, 동생은 잠에서 깨어 내가 아픈 줄 알고 나를 붙들었다. 그 경험 이후 나는 매일 밤 1시가 지나면 잠에서 깨었다. 그전까지 나는 한번 잠이 들면 무슨 일이 일어나도 깨지 않는 사람이었기에 그것은 매우 특별한 경험이었다. 나는 새벽에 깨어 약 네 시간 동안 하나님과의 교제에 들어갔다. 하늘의 신묘함이었다고 밖에는 그 교제가 어떠했는지 설명할 길이 없다. 나는 5시쯤 다시 잠들어 9시 정도까지 잤다. 그리고 다시 깨면 이른 새벽 때와 동일한 경험 속으로 들어가 낮 12시나 1시까지 머물렀다. 이 현상은 약 석 달간 계속되었다.

로버츠는 한 부흥집회로 인도받았다. 그는 블래너크 집회가 열리던 날 자신의 영적 상태를 '불이 떨어지기를 기다리는' 상태로 묘사했다.

그날 주강의 시간에 카르마텐의 W. W. 루이스(Lewis) 목사가 "너희가 세상에서 그들 가운데 빛들로 나타내며"(빌 2:15)라는 본문을 가지고 설교를 했다. 집회 주최자인 존 티큰즈(John Thickens) 목사는 이날의 말씀이 '하늘이 주셨다고 밖에 말할 수 없는 기름 부으심으로 덮여 있었다'고 전한다. 에반 로버츠를 포함한 다른 학생들은 둘째 날 이른 아침 루이스가 인도하는 강의 시간에 도착했다. 세트 조슈아(Seth Joshua)가 하나님께 그들에게 자비를 내리어 하나님 뜻에 순복하게 해 달라고 간청하는 마침 기도를 드렸다. 그때 에반 로버츠는 그 기도의 한 구절이 마음에 뜨겁게 와 닿는 것을 느꼈다. 그것은 바로 "오, 주님, 우리를 살펴 옵소서"라는 대목이었다.

이 말은 오전 휴식 시간 내내 로버츠의 마음에 지워지지 않는 인상으로 남았다. 모임이 다시 시작되자 그는 성령의 강한 능력에 이끌려 눈물 흘리며 무릎을 꿇었다. 로마서 5장 8절, "우리가 아직 죄인 되었을 때에 그리스도께서 우리를 위하여 죽으심으로 하나님께서 우리에 대한 자기의 사랑을 확증하셨느니라"는 진리가 그의 온 존재 안에 흘러 넘쳤다. 그는 자기를 굽혀 하나님 뜻에 순복하게 해달라고 간청했고 곧 깊은 평안함을 느꼈다. 다음에 그는 '심판 날 자신을 굽혀야만 하는 자들을 위한 큰 긍휼의 마음'을 경험했다. 로버츠는 "영혼 구원에 대한 엄숙함이 내 위에 내려왔다. 웨일즈를 동서남북으로 모두 다니며 우리 구주를 선포해야겠다는 마음이 불타올랐다"라고 고백했다.

블래너크에서 이 '엄청나고 장엄한 날'을 경험한 이후, 에반 로버츠는 어떤 형태로 부르심을 받든 하나님을 섬기는 일에 온전히 헌신할 준비가 되었다. 그의 인생은 하나님 손에 있었고 부흥의 축복이 홍수처럼 터지기 직전이었다.

그후 몇 주 동안 로버츠는 10만 명의 영혼들이 모인 거대한 모임을 환상으로 보았다. 그리고 이것을 하나님이 거부할 수 없는 약속으로 청구할 것이라는 믿음의 확신을 받았다. 로버츠는 곧 그의 삶과 사역에서 하나님의 위대한 능력을 알게 되기 시작했다. 카디간샤이어의 케이플 드린도드에서 열린 집회에서 그는 그 자리에 모인 모든 사람이 구세주께 존귀와 찬양을 드려야 한다는 깊은 강권에 이끌려 기도를 쏟아냈고, 그것은 그 예배를 놀랍게 변화시켰다. 회중 가운데 한 사람은 나중에 그 예배를 이렇게 회상했다. "그 폭발적인 기도가 많은 사람의 가슴과 양심을 찌르는 순간 그리스도께서 영광을 받으셨습니다. 정말이지 엄청난 집회였습니다."

그런 경험은 예배가 끝난 후에도 로버츠에게 계속되었다. 그는 숙소로 돌아와서도 잠을 이룰 수 없었고 경외심에 차서 이렇게 일기를 썼다. "방은 성령으로 가득 차 있었다. 성령의 기름 부으심에 압도되어 나는 하나님께 '그 손을 멈춰주옵소서'라고 소리치며 애걸했다." 그는 기도하는 가운데 "성령이여 오소서!"라고 가슴 깊이 부르짖었다.

하나님은 로버츠의 집회마다 강력하게 동행하시며 신실한 기도의 응답으로 웨일즈 곳곳을 성령으로 변화시키셨다. 다음의 일화는 하나님이 이 집회들에서 행하신 방법을 설명해준다.

루고르에서 온 나섯 자매들 중 한 명이 찬양을 인도한 후, 나이 든 한 남자가 1859년 대부흥의 회고담을 들려주었다. "저는 그 부흥의 자녀입니다"라고 그는 말했다. 그는 청중들에게 부흥으로 떠들썩했던 그 시기에 어떻게 선술집들이 간판을 내리고, 사람들이 숲속이나 들판에 모여 예배를 드렸는지 말해주었다. 찬양이 끝나면 로버츠 씨가 나와 루고르 경찰들이 할 일이 없어졌고 선술집들은 손님을 잃어 한탄하고 있다고 말했다. 그는 "그 미치광이(로버츠를 두고 한 말이다) 얘기를 들으러 가야겠어"라고 말하며 나간 한 젊은이를 알고 있다고 했다. 그 젊은이는 예배에 참석했다가 죄를 뉘우치며 회심하며 자리를 떴다. 또 어떤 사람은 루고르 술집에서 맥주를 마시다 말고 갑자기 푹 쓰러져 무릎을 꿇었다고 했다. 그날 밤 남은 시간 동안 남녀를 막론하고 모두가 기도와 노래를 일시에 쏟아냈다. 냉냉하게 시작된 모임이 마지막 순서에 이르자 뜨거운 열기에 휩싸였다.

트레시논에서 집회들이 끝날 즈음에는 웨일즈의 다른 많은 곳에서도 성령이 강력하게 역사하고 계셨다. 로버츠는 어느 곳이든 하나님이 그를 보내기 원하시는 곳으로 분명히 인도되려면 주의 깊은 분별력이 필요함을 깨달았다.

부흥은 남 카디간샤이어에서 계속 번지고 있었다. 그 지역에서는 로버츠의 친구 시드니 에반즈(Sidney Evans)와 조세프 젠킨즈(Joseph Jenkins) 같은 목사들이 카디간에서 트레가론에 이르는 넓은 범위의 도시와 마을들에서 집회를 주최하느라 바빴다. 이와 비슷하게 루고르 주위의 지역들이 강렬한 영적 각성을 경험하고 있었다. 젠킨즈 목사는 11월 6일 주일날 아만포드에서 약속된 설교 후의 반응에 몹시 격려를 받아 즉시 그 다음 주의 집회 일정을 잡았다. 이 집회들에서는 성령을 구하는 기도들이 응답되고 밤마다 사람들이 회심하는 일이 일어났다.

그로부터 일주일 후 캘빈주의 감리교(Calvinistic Methodist)의 '전진 운동(Forward Movement)'에서 이미 일정을 잡았던 선교 활동을 그 도시에서 시작하기로 했다. 첫 집회 후 인도자인 세트 조슈아는 이렇게 지적했다. "여기엔 놀라운 불이 타오르고 있습니다. 준비가 굉장히 잘 되어 있는 땅입니다. 감사합니다, 하나님."

조슈아가 진행한 주일예배들은 그가 경험한 것 중 가장 놀라운 예배에 속했다. 그는 그 예배들에 대해 이렇게 썼다. "심지어 아침에도 구세주를 받아들이려고 찾아온 사람들이 있었다. 오후에는 수십 명의 젊은이들에게 축복이 임했고, 저녁에는 많은 사람들이 예수님을 입으로 시인했는데 그 수는 셀 수 없이 많았다."

에반 로버츠는 웨일즈에서 일어나는 많은 사건들에 직접적으로 관련하지 않았고 자신의 공적을 주장하지도 않았다. 그는 은혜의 기름 부으심이 오직 하나님으로부터 온 것임을 잘 알고 있었다. 그는 하나님의 뜻대로 성령께서 자기를 인도하시리라고 신뢰했다. 그는 트레시논을 떠나면서, 가르 계곡을 방문하여 브리젠드 파일의 폰티시머와 아버귄파이에서 집회를 하라는 부담을 느꼈다. 아버귄파이에서는 아침 일찍 석탄 광산을 찾아가 보통 저녁집회에 참석할 수 없는, 밤일을 마치고 올라오는 광부들에게 말씀을 전하기도 했다.

그 다음 몇 주 동안은 이곳저곳에서 부흥이 일어났다. 이것은 사람의 말로 설명할 수 없고 온갖 종류의 무신론자들을 놀라게 할 정도로 마을과 계곡들을 휩쓸었다. 그 부흥에 대항하여 일어난 비판과 반대에 대해서 로버츠는 지혜롭게 답변을 삼갔다. 그는 가짜 운동이 일어나고 있던 장소들에는 연관되지 않았다. 그는 언젠가 이 축복의 조수가 빠지리라는 점을 항상 인식했으며, 계속해서 사람들에게 1905년 2월까지 하나님이 일하시도록 기도하라고 권고했다. 1905년 2월 로버츠는 작년 11월부터 자신이 열정을 쏟아온 모든 활동들로부터 쉬어야 한다는 부담을 느꼈다.

10만 영혼이 하나님의 백성이 되게 해달라고 간청했던 로버츠의 기도가 웨일즈에서 이뤄졌다고 믿을 만한 충분한 이유가 있다. 하지만 그 부흥에 잇따라 일어난 일들은 영국의 다른 많은 지역과 세계 전체의 더 넓은 범위의 교회와 선교 발전에 영향을 미쳤다. 에이피온 에반즈(Eifion Evans)가 쓴 「1904년 웨일즈 대부흥(The Welsh Revival of 1904)」의 서문에서 마틴 로이드 존스(Martyn Lloyd-Jones) 박사는 이 시기의 사건들에 대해 읽으며 "많은 이들이 하나님의 능력의 영광과 경이를 새롭게 깨달아 1904-1905년에 경험했던 '하늘로부터의 방문'이 또 오길 갈망하고 기도하기 시작하게 되는 것이 자신의 소망이요 기도"라고 서술했다.

선교의 열정에 사로잡힌 리즈 하월즈

소개할 마지막 웨일즈의 아버지는 스완지에 웨일즈 성경 대학(The Bible College of Wales)을 창립한 리즈 하월즈(Rees Howells)이다. 하월즈는 노만 그럽(Norman Grubb)의 책「탁월한 중보의 사람 리즈 하월즈」(두란노서원)에 충실하게 기록된 대로 중보의 삶을 살았고 그 결과 동아프리카에 부흥이 일어났다. 그는 온 피조물이 복음을 듣는 비전을 가지고 있었다. 기록된 그의 마지막 기도 중 하나를 보면 선교 열정으로 요동치고 있다. "내 안의 모든 것이 하나님을 찬양하고 있습니다. 성령이 '당신이 제게 하라고 주신 일을 제가 모두 끝냈습니다'라고 말하기 때문입니다. 모든 피조물이 복음을 들을 것이고, 이 비전을 위한 재정은 염려할 것 없으며, 왕은 반드시 돌아오실 것입니다."

미국의 중보 기도자인 더취 시츠(Dutch Sheets)는 '세대 간의 협력 작용', 곧 우리가 현재 하는 기도가 이전 세대들의 열정 및 목적과 맞물리게 되는 능력에 대해 이야기한다. 이것을 통해 우리는 이미 주어졌던 능력과 그 예정된 미래로부터 유익을 얻을 것이다. 하나님의 예언적인 목적들과 함께 흘러가는 법을 배우도록 하자.

예언적인 기도 사역을 성공적으로 세우려면 우리의 영적 유산을 반드시 이해해야 할 필요가 있다. 우리는 처음부터 모두 다시 시작하려고 혼자 고군분투할 수도 있고, 아니면 겸손히 무릎 꿇고 배우는 것부터 시작할 수도 있다. 물론 웨일즈 대부흥이라 알려진 웨일즈의 기도들은 문화와 맞는 표현을 찾아냈다. 이제 우리가 도전할 일은 전 세대가 우리에게 물려준 중보 기도의 배턴을 이어받아 많은 나라들과 상황들에 맞게 구현하는 것이다. 하나님은 그분의 계획과 목적 안에 있는 우리를 만나주실 것이다. 하나님의 관점에서 역사를 재해석하는 법을 배워야 한다.

그리스도는 항상 살아 계셔서 우리를 위해 중보하시며(히 7:25), 기도는 시간을 초월하는 능력이 있다. 우리 아버지와 어머니들이 가졌던 그리스도가 주신 부담을 발견하고, 거기에 우리 자신이 가진 중보의 은혜를 더하여, 우리 자신의 세대를 위해 그것들을 성육신화 해보자. 이삭이 아버지 아브라함이 팠던 우물들을 다시 팠던 것처럼(창 26:18), 하나님도 이 세대에게 열방을 위한 중보의 신선한 우물을 다시 파라고 부르신다.

"오, 하나님! 저희가 해야 할 당신의 일을 주시고, 저희가 만들어내는 제자훈련의 환경들을 통해 많은 사람들이 인생의 과업을 찾게 하옵소서. 성령이여, 오셔서 우리 땅에 부흥을 일으키시고 복음이 모든 민족에게 전해지게 하옵소서."

Chapter 6

중보 기도

– 출산의 신음 , 소망의 신호 –

앞장에서는 '아비 됨'이 무엇인지 살펴보았다. 이번 장에서는 중보 기도의 '어미 됨'에 대해 알아보겠다. 우리 '아버지들'의 삶과 기도는 중보 기도의 다음 세 가지 요소들을 그려냈다.

동일시함
고통
권위

말씀이 육신이 되어 우리 안에 거하신 것처럼 하나님은 이 세상의 어찌할 바 모르는 상황들을 품으며 기도할 사람들을 찾고 계신다. 우리를 구원하신 그리스도는 인간의 몸을 입으시고, 인간의 약함을 함께 느끼시며, "모든 일에 우리와 똑같이 시험을 받으셨다"(히 4:15). 그리스도가 우리와 동일시하신 최고의 것은 인간들의 길 잃음과 하나님으로부터의 버림받음이다. "그가 자기 영혼을 버려 사망에 이르게 하며 범죄자 중 하나로 헤아림을 받았음이니라 그러나 그가 많은 사람의 죄를 담당하며 범죄자를 위하여 기도하였느니라"(사 53:12).

그리스도는 에스겔 선지자가 앞을 내다보며 바라본 분, 곧 백성과 자신이 하나가 되고 백성들을 위해 '몸으로 막아서는' 분이었다. "이 땅을 위하여 성을 쌓으며 성 무너진 데를 막아서서 나로 하여금 멸하지 못하게 할 사람을 내가 그 가운데에서 찾다가"(겔 22:30).

동일시한다는 것은 기꺼이 고통을 감수한다는 것이다. 이 고통은 인간이 조장해내서는 안 되며 오직 성령의 인도로 받아야 한다. 예를 들면, 앞서 얘기한 웨일즈의 아버지 중 한 분인 리즈 하월즈는 방랑자 및 노숙자들을 위해 기도하면서 그들과 동일시되라는 인도를 받았다. 그래서 궁핍한 가운데 있는 그들과 함께 사는 특정한 생활방식을 갖게 되었다. 진정한 중보는 언제나 우리로 하여금 말로만 그치지 않고 희생의 삶을 실천하도록 만든다. 그런 그 희생과 고통은 우리의 기도에 진정한 위엄을 부여해준다.

이 원리를 따라서 산 현대의 인물이 바로 남아프리카공화국의 넬슨 만델라이다. 그는 로벤 섬에서 죄수로서 27년간 중노동을 하며 지내야 했다. 매일 매일 영혼을 파괴하는 듯한 바위 깨는 일을 해야 했다. 반대파들은 그의 정신을 무너트리고 그의 마음속에 증오와 쓴 감정을 채워넣고 싶어 했다. 데즈먼드 투투(Desmond Tutu)는 「용서 없이 미래 없다(No Future Without Forgiveness)」라는 그의 책에서 다음과 같이 평한다.

> 남아프리카공화국과 세계에 기여했던 그의 27년은 전적으로 수치스런 낭비의 시간이었다고 말하기 쉽다. 그러나 나는 그렇게 생각지 않는다. 27년 동안 그들이 가한 모든 고통은 만델라의 강철 같은 내면을 부드럽게 해주었고 용광로의 불처럼 불순물을 제거해 주었다. 어쩌면 그런 고통이 없었더라면 만델라는 그만한 긍휼과 넓은 도량을 갖기 어려웠을 것이다. 타인을 위해 겪은 고통으로 그는 그 무엇과도 대신할 수 없는 위엄과 신뢰를 갖게 되었다. 진정한 리더는 추종자들에게 자신이 추구하는 것이 자기 세력을 확장하기 위함이 아니라는 점을 확신시켜야 하는데, 고통만큼 이것을 설득력 있게 증명해주는 것은 없다.

자신을 낮추는 것이 곧 자신을 높이는 길이다! 에베소서 4장 9-10절은 또 다른 말로 이것을 표현한다. "올라가셨다 하였은즉 땅 아래 낮은 곳으로 내리셨던 것이 아니면 무엇이냐 내리셨던 그가 곧 모든 하늘 위에 오르신 자니 이는 만물을 충만하게 하려 하심이라." 진실로 그리스도를 위해 고통당하는 사람들은 권위를 얻는다. 우리는 하나님이 그분의 목적을 알려주실 때까지 인내와 위엄을 가지고 우리의 바위를 깨는 법을 배워야 한다. 우리는 꼭 중보의 위대한 일을 위해서만 부르심을 받은 것이 아니다. 매일매일 겪는 작은 시련과 순종까지도 이 제자 훈련에 도움이 된다.

모든 어머니는 중보자이다!

사도 바울은 이 '어미 됨(Motherhood)'의 수준을 구원의 권위에까지 끌어올린다. "그러나 여자들이 만일 정숙함으로써 믿음과 사랑과 거룩함에 거하면 그의 해산함으로 구원을 얻으리라"(딤전 2:15).

이 구절을 복음적으로 이해하기 위해서는 중보와 권위의 관점에서 보는 수밖에 없다. 모든 어머니는 중보자이다! 이 맥락에서 우리는 '어미 됨', 혹 '중보를 통해 그리스도를 탄생시키는 능력과 고통'이라는 주제로 넘어가고자 한다. 몇 개의 주요 구절을 살펴보자. "이 모든 것은 재난(영문을 직역하면 '해산의 고통' –옮긴이)의 시작이니라"(마 24:8). "또 여자에게 이르시되 내가 네게 임신

하는 고통을 크게 더하리니 네가 수고하고 자식을 낳을 것이며"(창 3:16).

인간의 타락을 해산의 아픔, 고통, 그리고 중보라는 '선물'을 통해 구속하는 것이 가능한 일인가? 창세기 3장 15절은 또한 그리스도가 중보로 사탄을 이기시는 승리에 대해 말한다. "천사가 이르되 마리아여 무서워하지 말라 네가 하나님께 은혜를 입었느니라 보라 네가 잉태하여 아들을 낳으리니 그 이름을 예수라 하라 그가 큰 자가 되고 지극히 높으신 이의 아들이라 일컬어질 것이요 주 하나님께서 그 조상 다윗의 왕위를 그에게 주시리니 영원히 야곱의 집을 왕으로 다스리실 것이며 그 나라가 무궁하리라"(눅 1:30-33).

"피조물이 다 이제까지 함께 탄식하며 함께 고통을 겪고 있는 것을 우리가 아느니라 … 이와 같이 성령도 우리의 연약함을 도우시나니 우리는 마땅히 기도할 바를 알지 못하나 오직 성령이 말할 수 없는 탄식으로 우리를 위하여 친히 간구하시느니라"(롬 8:22, 26). 자연파괴로 신음하는 자연 세계도 중보에 있어 우리의 협력자이다. 오늘(2003년 12월 27일), 실크로드 지역에서 일어난 지진으로 2만 명 이상 사망한 이란 사람들을 애도하며, 나는 이런 지진들이 그리스도와 사탄 사이의 우주 전쟁에서 피조물의 중보의 일부가 아닐까 하는 생각이 들었다.

"잉태하지 못하며 출산하지 못한 너는 노래할지어다 산고를 겪지 못한 너는 외쳐 노래할지어다 이는 홀로 된 여인의 자식이 남편 있는 자의 자식보다 많음이라"(사 54:1).

"나의 자녀들아 너희 속에 그리스도의 형상을 이루기까지 다시 너희를 위하여 해산하는 수고를 하노니"(갈 4:19). 이것은 사도적인 중보이다.

"오직 위에 있는 예루살렘은 자유자니 곧 우리 어머니라"(갈 4:26).

"하늘에 큰 이적이 보이니 해를 옷 입은 한 여자가 있는데 그 발 아래에는 달이 있고 그 머리에는 열두 별의 관을 썼더라 이 여자가 아이를 배어 해산하게 되매 아파서 애를 쓰며 부르짖더라 … 용이 해산하려는 여자 앞에서 그가 해산하면 그 아이를 삼키고자 하더니 여자가 아들을 낳으니 이는 장차 철장으로 만국을 다스릴 남자라"(계 12:1-5).

질문하겠다. 요한계시록 12장의 여자는 누구인가? 주석들마다 서로 다르게 해석한다. 이 여자는 교회인가? 마리아나 하와 같은 '어머니'인가? 아니면 이스라엘인가?

고전적 주석에 따르면 이 여자는 이스라엘을 나타내며 '광야' 기간과 물에서부터 구원 받은 출애굽 사건을 상기시켜준다. 이스라엘은 우리에게 그리스도를 주었다. 한편 '새 연대'에서는 이 '여자'는 교회를 나타낸다고 강조하기도 하고, 또 여자가 '어머니'라는 선택을 취한 주석자들도 있다. 그러면 중보라는 관점에서 이 세 가지 선택들을 잠깐 훑어보자.

이스라엘

이스라엘이라는 이름의 시초를 찾기 위해서는 창세기 32장 22절로 돌아갈 필요가 있다. 여기서 야곱은 '어떤 사람'과 씨름을 한다. "당신이 내게 축복하지 아니하면 가게 하지 아니하겠나이다"(창 32:26). 이것이 중보 기도의 언어와 자세여야 한다. 야곱은 이 과정에서 깨어진다. "그가 야곱의 허벅지 관절을 치매 야곱의 허벅지 관절이 그 사람과 씨름할 때에 어긋났더라"(25절). "그가 브니엘을 지날 때에 해가 돋았고 그의 허벅다리로 말미암아 절었더라"(31절). "네 이름을 다시는 야곱이라 부를 것이 아니요 이스라엘이라 부를 것이니 이는 네가 하나님과 및 사람들과 겨루어 이겼음이니라"(28절).

이스라엘이라는 이름은 '그가 하나님과 씨름하다'는 뜻이다. 아브라함, 모세, 다윗 및 선지자들의 위대한 기도와 함께 이스라엘은 언제나 중보하는 백성이었다. 이것은 역사 전체에 걸쳐 그들이 용에게 받는 핍박을 이해하는 데 핵심적인 열쇠가 된다.

교회

우리는 기도하라고 부름 받은 백성이다. 초대 사도들은 교회의 정체성을 세웠으며, 바울은 예전 모세처럼 그의 서신과 그의 삶에서 은혜의 원칙들을 썼다. 한 마디로 바울은 중보의 본을 보여주었다. 로마서 8장 끝부분과 로마서 9장 첫 부분은 바울의 중보의 마음이 왔다갔다 하는 가운데이다. "높음이나 깊음이나 다른 어떤 피조물이라도 우리를 우리 주 그리스도 예수 안에 있는 하나님의 사랑에서 끊을 수 없으리라"(롬 8:39, 마지막 절).

바울은 그가 그리스도에 대해 알고 있는 '끊을 수 없는' 사랑을 강조하지만, 그럼에도 불구하고 그 약속을 넘어 중보의 영역, 곧 자기 백성과 동일시하여 그들의 고통을 겪는 영역으로 들어갈 준비가 되어 있다. "내가 그리스도 안에서 참말을 하고 거짓말을 아니하노라 나에게 큰 근심이 있는 것과 마음에 그치지 않는 고통이 있는 것을 내 양심이 성령 안에서 나와 더불어 증언하노니 나의 형제 곧 골육의 친척을 위하여 내 자신이 저주를 받아 그리스도에게서 끊어질지라도 원하는 바로라"(롬 9:1-3, 첫 구절들).

그리스도가 이 땅에서 육신으로 사신 것도 중보의 순종을 본보이신 것이다. "그는 육체에 계실 때에 자기를 죽음에서 능히 구원하실 이에게 심한 통곡과 눈물로 간구와 소원을 올렸고 그의 경건하심으로 말미암아 들으심을 얻었느니라"(히 5:7). 그리스도는 눈물의 사역을 하셨다. 그리스도의 몸인 교회는 깊은 슬픔과 고통 속에 갇혀 있는 세상 앞에서 기다리며 지켜보고 서 있는 것이다. 수많은 사람들이 우리의 승리에 도취된 모습보다 우리의 눈물을 볼 수 있기를! 참된 교회는 언제나 중보를 몸으로 하며,

이스라엘 백성을 가슴 속에 품었다. 이 진정한 주님의 신부인 교회 역시 역사 전체에 걸쳐 용에게 핍박을 받아왔다.

어머니

아기를 태중에 품고, 기다리며, 해산의 고통을 겪으며 낳아본 어머니라면 모두 적어도 중보를 통해 이 땅에 생명을 가져온다는 것이 무엇인지 알고 있으리라 생각한다. '하늘의' 예루살렘은 신부이기도 하고 어머니이기도 하다. 또한 교회와 이스라엘과 여자라는 세 요소를 결합한 것 같기도 하다. 구원 및 사탄과 악의 궁극적인 파멸은 여자의 후손으로부터 온다(창 3:15).

역사를 통해 보면, '옛 뱀'이 원한과 두려움을 움켜쥐고 있었기에 인류 가운데 여자들이 엄청난 핍박과 수치를 당했다. 여자의 가냘픈 후손들이 가난과 학대를 받아왔음은 놀랄 만한 일이 아니다. 어린 유대 처녀 미리암이라고도 할 수 있는 마리아는 많은 사람들에게 겸손히 믿음을 붙잡고 성령의 능력으로 그리스도, 곧 말씀을 육신으로 탄생시킨 '여자의 최후의 승리'의 상징이 되었다.

모든 아름다운 진리 뒤에는 반대 세력이 있다. 심지어 그리스도에게도 '적그리스도'라는 슬픈 현실이 있으며, '어머니, 여자, 하와 및 마리아'의 겸손하고 순수한 진리도 제대로 명명하긴 어렵지만 성경에서 거짓 신부, 또는 바벨론의 음녀 묘사된 반대

세력에게 적대 당한다. 예레미야는 '하늘의 여왕'에 대해 이야기하고(렘 44:17) 다른 많은 주석가들은 이세벨의 영이라는 개념으로 발전시켜 왔다(계 2:20).

우리는 두려움과 편견에 사로잡혀 마리아의 겸손한 마음에 거하던 진정한 중보의 영이 지닌 아름다움을 간과해서는 안 된다. 바울처럼 마리아도 자기 아들의 사역에 마음을 같이하며 기도한 참된 중보자였다. 시므온은 그녀 안에 있던 이것을 인식하고 중보 기도의 신약적 정의를 내린다. "시므온이 그들에게 축복하고 그의 어머니 마리아에게 말하여 이르되 보라 이는 이스라엘 중 많은 사람을 패하거나 흥하게 하며 비방을 받는 표적이 되기 위하여 세움을 받았고 또 칼이 네 마음을 찌르듯 하리니 이는 여러 사람의 마음의 생각을 드러내려 함이니라"(눅 2:34-35).

혹시나 하는 염려로 나는 여기서 마리아의 중보가 그리스도의 유일무이한 구속적 중보 수준과(사 53:12) 동일한 수준이었다고 생각지는 않는다는 점을 말하고 싶다. 그렇지만 역사를 통해 그리스도가 자기 백성에게 주신 선물은 이 땅에 그의 나라를 확장시키고자 하는 간절한 바람을 나누는 영광이었다. 분명 다른 많은 이들과 같이 마리아도 이 면에서 특별한 역할을 감당했다.

그러면 요한계시록 12장에 나오는 여자는 누구인가? 그 여자는 살아 있는 중보를 하며 그리스도의 통치를 온 열방에 가져오는, 역사 전체에 걸친 하나님의 백성들이다.

하나님은 오늘 그의 백성들 안에서 이 위대한 중보의 사인을 보기 간절히 원하신다. 역사 속에서 자행된 중보를 파괴시키는 사탄의 흔적들은 너무도 쉽게 볼 수 있다. 하지만 동시에 비극적이고 복잡하게 얽혀 있는 이 땅위에서도 어떻게 중보 기도가 세대를 거쳐 영원에까지 소망의 구속의 역사를 엮어가고 있는지 보게 될 것이다.

피조물도 중보자를 돕는다

결론을 맺기 전에, 피조물도 중보자를 '돕는다' 는 것을 보는 것은 아주 흥미로운 일이다. 수년간 아프리카를 방문하면서 나는 그곳 사람들이 서구식의 관점처럼 인생을 구분하지 않고 좀 더 '정령숭배적인' 세계관을 가지고 있음을 깨달았다. 사람과 영계와 자연계가 아주 쉽게 같이 간다. 그리고 죄는 이 모든 영역에 영향을 미친다. 히브리적 사고 안에서는 거민들이 죄와 악으로 땅을 오염시켰을 때 땅이 그 거민들을 토해낸다고 표현했다. 로마서 8장 22절에서 이미 언급했듯이 피조물은 모든 중보자들의 친구이다. 나무들도 그리스도와 '하나님의 아들들' 이 나타나기를 기도하고 있다는 사실을 알고 있는가? 우리만 탄식하고 있는 것이 아니다!

요한계시록 12장에서도 피조물이 여자를 도우러 온다. "그 여자가 큰 독수리의 두 날개를 받아 광야 자기 곳으로 날아가 거기서 그 뱀의 낯을 피하여 한 때와 두 때와 반 때를 양육 받으매"(계 12:14).

중보자들은 새처럼 나는 법을 배울 필요가 있다. 적어도 자신들이 새보다는 더 귀한 존재라는 것을 알아야 한다. 독수리의 날개를 달고 솟아오르라. 날개에 소망의 바람을 안고, 지치지 말고 달려라. "땅이 여자를 도와 그 입을 벌려 용의 입에서 토한 강물을 삼키니"(16절). 악마가 당신을 대적해서 그 입에서 무엇을 토해냈는가? 피조물과 그리스도가 한몸을 이루도록 하여 더럽고 해로운 모든 것을 삼켜버릴 '더 큰 입'이 열리게 하라.

"여호와는 나의 목자시니 내게 부족함이 없으리로다 그가 나를 푸른 풀밭에 누이시며 쉴 만한 물가로 인도하시는도다 내 영혼을 소생시키시고"(시 23:1-3).

이 시대의 많은 사람들은 마지막 때와 그 징조들에 대해 이야기하고 싶어 한다. 우리는 짐승, 그리고 이마에 짐승의 표를 받을 사람들에 대한 비참한 이야기도 읽는다(계 13:16). 그러나 하나님의 사람들은 이보다 더 고귀한 표를 받는다(계 7:3-4). 이때에 당신은 어떤 표를 받을 것인가?

에스겔은 '중보 때문에 표를 받은' 자들에 대해 말한다. 이것은 분명히 우리를 향한 하나님의 궁극적인 부르심이며 숙명적 부르심이다. "너는 예루살렘 성읍 중에 순행하여 그 가운데에서 행하는 모든 가증한 일로 말미암아 탄식하며 우는 자의 이마에 표를 그리라"(겔 9:4).

마지막 때의 징조들은 인류에게는 '조용하고도 슬픈 음악(워즈워드의 시에서)' 임에는 분명하지만 그럼에도 불구하고 교회는 다시 일어나 희생과 중보를 통해 상처들을 아름답게 바꿀 수 있기를 바란다. 고통은 상처를 준다. 그러므로 모든 중보자는 그리스도의 사랑의 치유, 그 기름 부으심에 대해 알 필요가 있다. 우리 안에 증오와 쓴뿌리를 해결하지 않은 채 하나님의 보좌 앞에 기도를 올려 드릴 수는 없다. 사도 요한은 역사의 해결책을 위해 깊이 울었을 때 놀라운 계시를 받았다. 그는 '깊이 내려가서 마음, 곧 하나님의 마음을 만졌다.'

요한계시록 5장 6절은 하나님의 마음에 대한 심오한 계시이다. "내가 또 보니 보좌와 네 생물과 장로들 사이에 한 어린 양이 서 있는데 일찍이 죽임을 당한 것 같더라." 하나님 마음의 전부인 그리스도, 바로 그분은 영원한 고통의 상처를 지고 가셨다. 그런데 그 상처는 무언가가 잘못되어 우는 비통함이 결코 아니다. 그것은 비참함과 황폐함으로 인한 고통이 아니다. 그 상처는 오히려 희생의 사랑에 의해 아름답게 바뀐 승리의 상징이 되었고 결국 천사들은 그 상처 당한 분을 예배한다.

"그들이 새 노래를 불러 이르되 두루마리를 가지시고 그 인봉을 떼기에 합당하시도다 일찍이 죽임을 당하사 각 족속과 방언과 백성과 나라 가운데에서 사람들을 피로 사서 하나님께 드리시고"(계 5:9). "죽임을 당하신 어린 양은 능력과 부와 지혜와 힘과 존귀와 영광과 찬송을 받으시기에 합당하도다"(12절). "네 생물(우리 중보의 동지인 피조물)이 이르되 아멘 하고 장로들은 엎드려 경배하더라"(14절).

당신의 '죽임 당함'을 주님께서 치유하시도록 내어드려라. 선교의 개척 현장에서, 일과 가족 사이에서 생겨난 울퉁불퉁한 길에서, 또는 교회라는 거룩한 기슭이라 할지라도 이 모든 현장에서 바위를 깨다보면 우리의 손은 물집이 생기고 멍이 들 것이다. 이제 그 손을 중보를 통해 아름답게 바꾸어 가실 사랑의 왕께 내어드려라.

> 면류관 가지고 주 앞에 드리세
> 그 손과 몸의 상처가 영광 중 빛나네
> 하늘의 천사도 그 영광 보고서
> 고난의 신비 알고자 늘 흠모하도다.

Chapter 7

레아를 사랑하라

― 비전과 현실 사이에서 ―

중보기도라는 다이아몬드는 언제나 경건한 인격이라는 정련된 금 한가운데 박히게 된다. 하나님이 주신 비전을 온전히 품으려면 우리 자신의 약점과 시련을 통해 깨닫는 지혜가 있어야 한다. 내가 평소에 라헬과 레아의 이야기를 좋아하는 이유는 이 두 여인을 통해 비전과 현실 사이의 팽팽한 긴장관계를 볼 수 있기 때문이다. 비전은 찬란하여 가슴이 뛰지만 막상 현실은 우리를 겸손하게 한다. 이 두 가지에 균형이 필요하다.

찬란한 빛이 맑고 투명한 창문으로 스며들고, 창문에 걸쳐진 레이스 커튼은 시원한 바람에 살랑살랑 흔들린다. 햇볕에 잘 그을린 아도니스

같이 전형적으로 잘생기고 사회적으로 성공한 아버지가 가볍게 침대에서 뛰어내려 신처럼 계단을 미끄러지듯 내려가 행복에 겨운 가족들의 미소를 맞는다. 웨이브진 금발 머리에 완벽한 몸매의 아내는 그녀의 젊음에서나 주부 면에서나 영원한 비너스의 미를 갖추었다. 그녀는 성찬 같이 잘 장식된 나무 식탁 위에 근사한 아침식사를 차려놓았다. 담백한 흰 우유가 유리 주전자에서 그 자체의 생명을 뿜어내며 그릇에 풍성하게 담긴 금빛 옥수수 꽃잎들을 부드럽게 어루만진다. 이런 신의 음식을 아삭아삭 씹으며 나눠먹는 그들의 미소와 행복은 그들을 새로운 날을 맞이하는 완벽한 신의 모습을 한 인간들로 만든다.

이것은 한 시리얼 회사의 광고를 묘사한 내용이다. 당신의 아침도 이러한가? 우리는 미와 성공을 열망하는 사회에 살고 있다. 꿈을 성취하고 뛰어난 목표를 달성해야 한다는 부담감을 갖고 있다. 그러나 우리에게 가장 큰 도전은 위의 과장된 광고가 모두 사실이 아닌 것처럼 인생이 그리 단순하지 않다는 사실을 받아들이는 것이다. 우리는 꿈을 추구하면서도 한편 일상의 현실을 다루는 법을 배워야 한다. 그러기 위해서는 정말이지 오랜 경험이 필요하다. 이제 훌륭한 두 여인, 라헬과 레아에게서 찾아낸 귀중한 통찰력을 나누고 싶다.

라헬과 레아, 비전과 현실의 다른 이름

그들의 이름은 룻기 끝부분에 나온다. "여호와께서 네 집에 들어가는 여인으로 이스라엘의 집을 세운 라헬과 레아 두 사람과 같게 하시고"(룻 4:11). 이 두 여인은 이스라엘을 세운 여인들이다. 그들은 하나님의 백성으로서 정체성을 확립하는 데 필요한 두 요소를 가져다준다. 비유적으로 그들은 오늘날 하나님의 백성인 교회를 세우는 데 필요한 동일한 두 가지 원리를 상징한다.

그들은 문자 그대로 이스라엘을 '출생했다.' 구약의 많은 출생은 역사적으로 중요한 의미를 지니는 것 외에도 메시아인 예수 그리스도의 궁극적인 탄생을 가리킨다. 아주 의미 있는 히브리 이름을 가진 각각의 아이들은 그리스도의 전형이다. 사도 바울은 갈라디아서에서 '그리스도를 낳는' 이 원리를 제자도의 수준으로 적용한다. "나의 자녀들아 너희 속에 그리스도의 형상을 이루기까지 다시 너희를 위하여 해산하는 수고를 하노니"(갈 4:19).

이 여인들이 우리에게 가르치는 것을 온전히 취하려면 창세기 29-30장에 있는 야곱의 이야기로 들어가 볼 필요가 있다. 야곱은 자기 조카를 좋은 일꾼으로 부려먹으려는 삼촌 라반의 집에 머물고 있다. 야곱은 삼촌의 딸 라헬을 마음에 두게 되었다. 라헬은 "곱고 아리따웠다"(창 29:17). 그녀는 야곱의 놀라운 비전이었다. 라헬은 야곱의 꿈이요, 소망이었다. 라반의 다른 딸인 레아는 보기에도 별로였다. 정말로 라헬보다 외모 면에서도 덜 매력적이었던 것 같다.

라헬은 '비전'을 나타낸다. 그녀는 플라톤의 이상적인 '형태'였다. 그녀는 누구나 추구하고 싶은 아름다운 꿈이다. 반면에 레아는 비전과는 거리가 멀다. 그녀는 아름답지도 않고 다른 사람을 설레게 하지도 않는다. '시력이 약하다'고 묘사된 것은 비전의 반대를 뜻한다. 레아는 우리 인생의 원하지 않는 현실을 나타낸다.

"야곱이 라헬을 더 사랑하므로"(창 29:18). 우리는 언제나 비전을 사랑한다. 비전이 있으면 힘들어도 격려를 받고 의미가 있는 것이다. 야곱은 이렇게 라헬을 얻으려는 마음 하나로 기꺼이 7년을 일했다.

당신을 움직이게 하는 동기는 무엇인가? 여기에 원칙이 하나 있다. 우리는 비전을 따라 움직인다! 야곱은 라헬을 사랑하는 마음 때문에 양치기의 고된 삶 속에서도 변화될 수 있었다. 매일 더럽고 냄새나는 양치기의 고된 일을 지켜워하며 억지로 견뎌내는 대신에 문제 너머에 있는 꿈을 향한 열정으로 수고를 마다하지 않았다.

"야곱이 라헬을 위하여 칠 년 동안 라반을 섬겼으나 그를 사랑하는 까닭에 칠 년을 며칠같이 여겼더라"(창 29:20). 비전이 없으면 시간만 끌게 된다. 열정이 없으면 문제 속에 빠지게 된다. 비전에 의한 동기부여는 필수적이다. 최소한 그리스도가 영광 받으시는 것이 우리네 삶과 모든 활동의 목적이 될 수 있어야 한다. 우리는 그분의 아름다움에 반해야 한다.

존 스토트(John Stott)는 일에 관해 다음의 글을 썼다.

어떤 사람이 시골길을 걸어가다가 여러 사람이 일하고 있는 한 채석장을 지나게 되었다. 그는 그들에게 무엇을 하고 있느냐고 물었다. 첫 번째 사람은 신경질적으로 대답했다. "보면 모르오? 돌을 깨고 있소." 두 번째 사람은 위를 쳐다보지도 않고 대답했다. "일주일에 100파운드를 벌고 있소." 세 번째 사람은 일을 멈추고 곡괭이를 내려놓더니 가슴을 내밀며 말했다. "알고 싶소? 나는 성당을 짓고 있소."

결국 얼마나 멀리 볼 수 있느냐의 문제이다. 첫 번째 사람은 자기 곡괭이 이상은 보지 못했고, 두 번째 사람은 급여 봉투 이상은 보지 못했다. 그러나 세 번째 사람은 자기 연장과 급여를 넘어서 자기가 섬기는 마지막 목적을 보았다. 그는 건축가와 협력하고 있었다. 그가 하는 일이 얼마나 보잘것없든지 간에 그는 하나님을 예배하기 위한 건물을 짓는 일을 돕고 있었다.

그러므로 우리의 일이 얼마나 작은 일이든, 얼마큼 직접적이든 그 일로 어떻게 인류를 위한 하나님의 목적에 기여하는지 볼 수 있어야 한다. '노동은 예배다.' 그러면 우리가 무엇을 하든지 하나님의 영광을 위해 할 수 있다(고전 10:31).

이제 새로운 비전의 부르심으로 불이 붙었을 테니, 현실이 비전에 들어맞지 않을 때 일어나는 문제들을 해결해야 하는 숙제가 남아 있다. 그러면 긴 수고를 끝내고 라헬과의 결혼만을 고대하는 야곱에게로 돌아가 보자. 그가 라반에게 한 말에서 그의 간절한 마음을 느낄 수 있다. "내 기한이 찼으니 내 아내를 내게 주소서 내가 그에게 들어가겠나이다"(창 29:21).

그들은 노래하고 춤추며 굉장한 잔치를 벌인다. 그리고 밤이 어둡고 야곱의 열정이 고조되었을 때 훌륭한 상급을 얻는다. 그러나 "아침에 보니…" 그것은 '레아'였다. 이 얼마나 끔찍한 일인가! 그는 아름다운 여인, 자신의 비전이자 사랑하는 여인의 아름다운 눈과 마주하기를 기대했는데 아뿔사 레아를 떠맡고 말았다! 레아를 떠맡은 느낌을 우리도 얼마나 잘 알고 있는가?

우리는 우리의 교회가 성령 넘치는 '신약'의 교회처럼 되기를 얼마나 꿈꾸는가? 그러나 '주일 아침이 되면' 늘 보아 온 얼굴들, 늘 같은 노래들, 그리고 똑같은 오래된 지루함을 수년 동안 반복한다. 분열, 개인적 실패, 질병, 가난, 비극 및 분쟁의 아침을 맞으며 우리는 자신의 레아를 슬프게 보게 된다. 간단히 말해 우리는 맞이한 현실에 깊이 실망하고 있다.

그것은 야곱의 현실이었다. 그는 외쳤다. "내가 라헬을 위하여 외삼촌을 섬기지 아니하였나이까? 외삼촌이 나를 속이심은 어찌됨이니이까"(창 29:25).

이 외침은 하나님을 향한 우리의 울부짖음일 수도 있다. "저는 아름다운 교회를 믿었기에 당신을 섬겼는데, 이제 와서 이거라니요!" "연합의 비전을 위해 당신을 섬겼는데, 이제 이 분열을 보십시오." 우리는 밖으로 말하지는 않지만 하나님께 깊은 실망감을 느낀다. 하나님이 우리를 꼬셔서 사역을 하게 하셨다고 생각하지는 않는가?

우리가 실망하는 대상은 하나님뿐만이 아니다. 다른 권위자들의 잘못을 비난하는 것은 너무도 당연한 일이다. 부모, 정치가, 교사, 목사들에게 실망을 느낄 때가 얼마나 많은가? 이러한 실망감의 표현으로 우리는 반항하거나 도망갈 수 있다. 문제가 해결되지 않거나 악화될 경우 우리는 지속적인 염려, 쓴뿌리, 분노의 상태에 지쳐서 무슨 일이든 끝까지 완성하지 못하기도 한다.

라반은 야곱에게 아주 귀중한 충고를 준다. "이를 위하여 칠 일을 채우라"(27절).

우리는 현실에서 도피하라는 유혹을 받는다. 마음대로 날아다니는 나비처럼 한 '비전'에서 또 다른 '비전'으로 날아다니느라 한 곳에 정착하여 무언가를 세우지 못한다. 크리스천들의 세계는 잘못하면 비현실적인 막연한 기대들만 먹고 살 수 있다. 매일의 일상 속에서 무언가를 만들어내야 하는 지루함을 못 견디고 이 환상에서 저 환상으로 떠돌고 만다. 기적을 일으키는 집회들, 새로운 책들과 기술들, 특별한 기름 부으심, 새로운 돌파 등은 계속 일어나는데 진정 가장 기본이 되어야 하는 크리스천의 인격과 헌신 등에는 그리 관심을 갖지 않는 것 같다. 우리에게는 사랑하고 돌봐야 하는 가족들이 있고, 내야 하는 전화요금이 있고, 지켜야 할 사소한 약속들이 있으며, 기도해야 할 미전도 족속들도 있다.

예수님은 최후의 '완성자'로서 본을 보이셨다. "믿음의 주요 또 온전하게 하시는 이인 예수(영어 킹 제임스 성경을 직역하면 '믿음을 지으시고 완성하신 분 예수'-옮긴이)를 바라보자 그는 그 앞에 있는 기쁨을 위하여 십자가를 참으사 부끄러움을 개의치 아니하시더니 하나님 보좌 우편에 앉으셨느니라"(히 12:2).

먼저 레아를 사랑하라

야곱은 라헬을 얻기 위해 먼저 레아를 사랑하는 법을 배워야 했다. 그가 이 현실을 얼마큼 싫어하고 도망하고 싶었던지 간에, 그는 현실을 품고 레아와의 시간을 채우는 법을 배워야 했다.

하나님 나라를 세우는 데는 비전과 현실, 둘 다 필요하다. 그것들은 신부가 갖고 있는 두 면과 같다. 야곱이 그랬던 것같이 우리도 현실보다는 비전을 더 사랑한다. "그가 레아보다 라헬을 더 사랑하여"(창 29:30).

"여호와께서 레아가 사랑받지 못함을 보시고"(31절). 이 구절은 '레아를 사랑하라!'는 중심 주제로 우리를 다시 데려간다.

우리는 우리의 아름답지 못한 현실을 사랑하는 법을 배워야 한다. 이 점이 매우 중요하다. 레아를 포용하기를 거절한다면 우리의 비전은 메마르고 내용 없는 것이 된다. "라헬은 자녀가 없었더라 레아가 임신하여 아들을 낳고"(31-32절).

우리가 현실을 포용할 때 비로소 하나님은 우리의 삶 속에 열매를 만드신다. 이것을 통해 우리는 미래의 비전을 소유할 준비를 하게 된다. 레아를 사랑함으로써 그리스도의 성품이 우리 안에 만들어지는 것이다. 우리가 현실을 살아내지 않기 때문에 너무나 많은 '비전'들이 그저 텅빈 환영에 그치게 되는 것을 본다. 많은 꿈들이 현실에 뿌리 내리게 하는 대가를 치르지 않았기 때문에 열매 없는 공상이 되고 만다.

이 장의 도입 부분에서 우리 안에 그리스도의 '형상을 이루는' 것에 관해 한 말을 기억하며 레아의 아름다운 자녀들을 하나하나 살펴보자.

르우벤

"보라, 아들이다"라는 뜻이다. "여호와께서 나의 괴로움을 돌보셨으니"(32절). 르우벤은 '공급의 아들'이다. '돌보셨으니'라는 히브리 단어는 '공급히다'라는 의미도 있다. 공급하시는 하나님이라는 뜻의 '여호와 이레'도 같은 어근을 사용한다.

우리의 현실 생활은 괴로움으로 가득할 때가 많다. 이 괴로움은 친구나, 건강, 자원, 돌봄, 용서 등 온갖 종류의 결핍과 방치 때문에 생긴다. 그러나 하나님은 그리스도 안에서 모든 것을 우리에게 후히 주심으로써 자신은 결핍과는 상관없는 분임을 알리신다. "자기 아들을 아끼지 아니하시고 우리 모든 사람을 위하여 내주신 이가 어찌 그 아들과 함께 모든 것을 우리에게 주시지 아니하겠느냐"(롬 8:32).

르우벤은 가난과 방치의 삶으로 상처받은 자들에게 아버지와 같은 치유의 손길을 가져다 준다. 그렇다고 하나님이 필요에 응답하시는 것만은 아니다. 하나님은 믿음과 비전에 응답하신다. 비전의 아들 르우벤은 우리의 결핍의 현실과 믿음의 전쟁을 통해 탄생한다. 하나님은 세상을 이처럼 사랑하사 '독생자', 곧 더 위대한 아들을 주셔서 십자가에 죽게 하시고 우리의 모든 필요를 풍성하게 공급해 주셨다. 하나님은 이 세상의 괴로움을 보시고 그의 아들 안에서 해결책을 제공하심으로써 소망과 치유를 공급하신다. 그는 우리의 눈물을 닦아 주시며 우리가 계속 나갈 수 있도록 힘과 공급을 주신다.

이 '아들이 보이는가?' 공급은 비전을 위함이다. 궁핍함 가운데 있는 우리는 그리스도 안에 있는 하나님의 전적인 공급에 대한 계시가 필요하다.

시므온

'듣는 자'라는 뜻이다. "여호와께서 내가 사랑받지 못함을 들으셨으므로"(33절). 들으시는 하나님이라는 뜻의 여호와 삼마도 시므온이라는 히브리 단어와 연결되어 있다.

인류의 가장 힘든 현실이자 가장 아픈 상처 중 하나는 사랑받지 못하는 고통이다. 이 사랑의 결핍은 남의 이야기를 듣지 않으려하는 우리의 이기적인 마음에 자리 잡고 있는 잔인한 무관심에서 생겨난다. 듣는 것이 곧 사랑하는 것이다. 거절감의 뿌리는 많은 비극적인 죄에 영향을 미친다. 습관적인 죄의 대부분은 우리 마음의 '냉랭함' 혹은 '사랑받지 못한'데서 비롯된다.

하나님은 우리의 이야기를 '들으심'으로써 치유하신다. 또 그분의 아들을 통한 우리와의 친밀한 사랑을 나누심으로써 이 상처들을 만지신다. 사랑받지 못한 어두운 구름을 은빛 나는 더 큰 구속의 사랑의 막으로 감싸 안으신다. 이 사랑은 기도라는 선물을 통해 우리의 현실로 천천히 스며들어온다. 기도란 하나님의 귀를 갖는 것이다. 시므온은 차갑고 사랑 없는 세상의 현실과 싸우며 탄생시킨 '기도의 아들'이다.

이 땅에 하나님이 나타나신 것 가운데 하나가 불타는 떨기나무에서 모세에게 보이신 사건이다. 하나님은 짧은 말씀으로 자신의 '르우벤/시므온' 마음과 '보고' '듣고' 행히기 원하시는 간절한 소원을 드러내신다. "내가 애굽에 있는 내 백성의 고통을 분명히 보고 그들이 그들의 감독자로 말미암아 부르짖음을 듣고 그 근심을 알고 내가 내려가서 그들을 애굽인의 손에서 건져내고…"(출 3:7-8). 하나님은 우리 마음속에 '내려오셔서' 기도하고 싶은 불타오르는 마음을 넣어주심으로 사랑 없는 현실로부터 우리를 구해내신다.

레위

'연합' 이라는 뜻이다. "나와 연합하리로다"(34절).

고립은 현대인의 삶에 재앙과도 같다. 서로 소외되었던 자들이 짧은 5분간의 명성을 얻으려 고군분투하며 각자의 인생을 행진하고 있다. 우리 모두 한 인류 가족의 일원임을 모른다. 현대에 통하는 금언은 '갈라져라 그리고 정복하라' 이다. 악한 세력들은 성도의 교제를 깨뜨려 이 땅에 있는 그리스도의 몸이 갈라지도록 계속해서 공격한다. 모든 체제들과 정부들은 공통되게 화합의 결핍을 겪으며 그로 인해 엄청난 불행을 만들어내고 있다. 가족 안의 분열과 갈등은 고통과 이혼을 낳고 있다. 나라들 간의 전쟁은 아마도 서로간의 '결합' 의 부족함을 드러내는 궁극적인 표현일 것이다. 사탄을 '디아볼로(공중 팽이) 악마' 라고 정의하는 헬라어 단어는 '나누는 자' 를 뜻한다.

하나님의 일을 세워보려고 했던 사람이라면 누구나 이 슬픈 분열의 현실을 마주해야만 했을 것이다.

가장 좋은 금은 가장 센 불에서 제련된다. 평화와 번영 그리고 햇살의 시기에 연합되기란 쉽다. 그러나 고난과 전쟁의 차가운 겨울에 우리의 참된 친구가 누구인지 드러날 것이다. 진정한 팀은 역경의 불 속에서 만들어진다. 레위는 교제의 아들이며, 시련을 통해 함께 인내해 온 자들에게 언약 관계 속에서 주어지는 진정한 선물이다.

단단한 철못이 그리스도를 십자가에 연합시켰고, 그분이 흘리신 피는 하나님과 우리 사이의 새 '언약 관계'를 가능하게 했다. 또한 이것은 우리를 아버지의 마음에 영원히 연합시켰고, 서로를 이 땅의 새로운 공동체로 결합시켰다. 남자가 사랑의 관계로 아내와 결합하는 것처럼 우리도 그리스도와의 교제(코이노니아)에서 최고의 결합을 즐기며 영원한 완성을 이룰 날을 고대한다.

"그러므로 사람이 부모를 떠나 그의 아내와 합하여 그 둘이 한 육체가 될지니 이 비밀이 크도다 나는 그리스도와 교회에 대하여 말하노라"(엡 5:31-32).

유다

'찬송'이라는 뜻이다. "내가 이제는 여호와를 찬송하리로다"(35절).

당신은 따분한 월요일 아침이라도 '하나님을 찬양'하며 맞이할 수 있겠는가? 레아를 사랑하는 법을 배울 때, 우리는 가장 평범한 환경 속에서 찬양할 수 있으며 현실에서 하나님의 임재를 맛보게 된다. 공인 성경(Authorized version)은 시편 22편 3절에서 이 사실을 아름답게 표현한다. "이스라엘의 찬송 중에 계시는 주여 주는 거룩하시니이다."

하나님은 우리의 찬송 가운데 거하신다. 감사와 예배의 외침으로 우리의 참혹한 현실이 아름답게 변화될 수 있다. 많은 사람들 속에서 또 큰 집회에서 하나님을 찬양하기란 쉽다. 그러나 골방에서 혼자라도 그렇게 할 수 있는가? 바울과 실라는 부당하게 혹독한 터키 감옥에 갇혀 있었다. 그 가혹한 현실에서도 그들은 자기 연민이나 비관에 빠지지 않고 힘을 내어 하나님을 찬송했다. "한밤중에 바울과 실라가 기도하고 하나님을 찬송하매 죄수들이 듣더라 이에 갑자기 큰 지진이 나서 옥 터가 움직이고 문이 곧 다 열리며 모든 사람의 매인 것이 다 벗어진지라"(행 16:25-26).

인생의 시련 가운데 찬양의 지진을 일으키고, 당연한 비평과 부정적인 태도를 뒤집으라. 사도 바울은 "주 안에서 항상 기뻐하라"고 강조했으며, 우리는 이 땅의 지옥 같은 한계 영역에 하늘을 실현하도록 찬송의 아들 유다를 받았다.

레아는 우리에게 많은 열매를 주었으므로 그녀를 사랑하는 법을 배우는 것은 아주 가치 있는 일이다. 책임감을 갖고 당신 앞의 현실을 포용하라. 그로 인해 당신의 성품 안에 그리스도가 만들어질 것이다.

지금까지 비전의 르우벤, 기도의 시므온, 연합의 레위, 그리고 찬송의 유다를 살펴보았다. 이제 더 나아가 레아가 불임의 시기를 지내고 나서 낳은 다른 두 자녀들을 생각해보자. 십자가의 성 요한(St John of the Cross)이 말했듯이 '영혼의 어두운 밤', 곧 메마르고 열매가 궁핍한 계절은 크리스천 삶의 당연한 현실이다. 우리는 이러한 하나님의 계절들을 위해 하나님의 침묵을 어떻게 견디고 우리의 걸음을 어떻게 조정해야 하는지 배워야 한다. (글의 흐름과 간결함을 위해 여종을 통하여 낳은 자녀들은 여기서 논하지 않겠다. 비록 그들도 이스라엘의 일부이고 그들의 이름을 공부하는 것도 유익하지만 말이다.)

잇사갈

'보상'이라는 뜻이다. "하나님이 내게 그 값을 주셨다"(창 30:18).

하나님은 하나님의 숨은 영웅들에게 보상하기를 기뻐하신다. 진정한 상급은 부유한 이마 위에 얹힌 공개적인 월계관이 아니다. 그것은 차라리 하나님의 종들, 곧 희생을 통한 사랑을 배우며, 거룩한 사랑을 통해 '놀랍도록 더 풍성함'를 뜻하는 '페리소스(perissos)'의 기적의 법을 살아내는 종들의 마음속에 숨겨진 보석들이다.

"오직 너희는 원수를 사랑하고 선대하며 아무것도 바라지 말고 꾸어주라 그리하면 너희 상이 클 것이요 또 지극히 높으신 이의 아들이 되리니 그는 은혜를 모르는 자와 악한 자에게도 인자하시니라"(눅 6:35).

마태는 상을 보장해 주는 세 개의 '은밀한 실천'들을 우리에게 알려 준다. "그러므로 구제할 때에 … 또 너희는 기도할 때에 … 금식할 때에 … 은밀한 중에 보시는 네 아버지께서 갚으시리라"(마 6:2-18). 당신이 받을 참된 상급은 밖으로 드러나는 성취나 사람들이 볼 수 있는 것에서 비롯되지 않는다. 그것은 오직 아버지만이 보시는, 하나님과의 은밀한 삶에 근거한다.

밤새 중보하며 남몰래 흘린 눈물, 은밀한 희생적인 구제, 자기 부인의 훈련 등은 사람들이 거의 보지 못한다. 참된 보상의 아들인 잇사갈은 이 모든 현실들을 상징한다.

스불론

'거하다(또는 존중하다)' 라는 뜻이다. "나와 함께 살리라(존중함으로 나를 대하리라)"(창 30:20).

이 아들의 이름이 가지고 있는 히브리어 어근은 '거주'를 뜻하는 '자발(zabal)'로서 '주거를 정하다' 라는 뜻이다. 한편 NIV 성경은 이 단어를 '존중하다' 라고 번역한다. 근본적으로 하나님이 거주하시면 이것은 정말로 존중받는 일이다. 하나님은 우리의 '진흙 토기' 삶에 거주하시며 그 삶을 그분의 영광을 위한 그릇으로 변화시키기 원하신다. "큰 집에는 금그릇과 은그릇뿐 아니라 나무그릇과 질그릇도 있어 귀하게 쓰는 것도 있고 천하게 쓰는 것도 있나니 그러므로 누구든지 이런 것에서 자기를 깨끗하게 하면 귀히 쓰는 그릇이 되어 거룩하고 주인의 쓰심에 합당하며 모든 선한 일에 준비함이 되리라"(딤후 2:20-21).

하나님은 우리의 현실 속에 거하신다. 그분은 어떤 신화 속의 '올림포스 산', 즉 존재하지 않는 무관심의 땅에서 인류의 고통을 그저 방관만 하는 이로 계시지 않는다. 그리스도는 가난 속에, 가축 분뇨 속에 그리고 피와 살이 엉켜진 현실의 짚더미 속에서 태어나셨다. 그는 뼈를 꺾는 십자가의 고뇌를 겪어내셨으며, 고뇌에 찬 위엄의 신비 속에 인간의 모든 미개한 잔학 행위 속에서도 영원히 현존하신다.

스불론은 성육신의 아들이다. 그 성육신이란 어떤 상황에서도, 또 모든 상황에서도 그리스도를 위해 살고 행동하는 능력이다. 그는 그리스도가 초대 교회 성도들에게 주셨던 약속의 핵심이다. "하늘과 땅의 모든 권세를 내게 주셨으니 그러므로 너희는 가서 모든 민족을 제자로 삼아 아버지와 아들과 성령의 이름으로 세례를 베풀고 내가 너희에게 분부한 모든 것을 가르쳐 지키게 하라 볼지어다 내가 세상 끝날까지 너희와 항상 함께 있으리라 하시니라"(마 28:18-20).

라헬에게 주어진 생산의 시간

지금쯤은 당신이 '레아 사랑하기'를 배우고 자신만의 시련과 현실을 포용하기 시작했기를 소망한다. 하나님은 결코 불공평하지 않으시다. 하나님은 그 아들의 성품이 우리 삶 속에 만들어져 가는 모습을 보면서 우리에게 비전을 맡길 시기가 왔음을 아실 것이다. 하나님은 우리의 꿈을 기억하신다. "하나님이 라헬을 생각하신지라"(창 30:22).

이것은 비전이 열매를 맺는 '카이로스'의 순간이었다. 하나님은 우리 각자의 꿈들이 탄생할 정확한 때를 알고 계신다. "때가 차매 하나님이 그 아들을 보내사 여자에게서 나게 하시고 …"(갈 4:4). 이제 우리는 자신이 갖고 있는 비전의 열매를 살피고, 라헬에게 새로 주어진 생산에서 배울 때가 왔다.

요셉

여호와께서 더하셨다를 뜻한다. "하나님이 내 부끄러움을 씻으셨다 하고 … 여호와는 다시 다른 아들을 내게 더하시기를 원하노라"(창 30:23-24).

원래 창조의 사명은 사람이 늘어나는 것이었다. 이 땅에 그리스도의 몸도 또한 번성하여 온 땅에 가득하기로 되어 있다. 복음전도나 선교의 영역에서 '불임'을 경험하는 경우가 너무나도 많다는 것은 수치스런 일이다.

비전은 항상 우리를 사명으로 이끈다. 우리의 열정 없고 비전 없는 종교 생활은 하나님과 사람들 보기에 부끄러운 모습이다. 우리는 21세기를 살고 있는 사람들과는 관계없이, 교회의 사방 벽이 지켜주는 보호 속에 머물러 있다. 그래서 사람들이 늘어가는 것이 당연하다고 말하는 성경과는 달리 사람이 줄어드는 슬픈 내리막길을 가고 있다. "주께서 구원 받는 사람을 날마다 더하게 하시니라"(행 2:47).

선교의 아들 요셉은 우리의 수치를 벗기고 우리를 이끌어 증가하게 한다. 그는 "무성한 가지 곧 샘 곁의 무성한 가지라 그 가지가 담을 넘었도다 … 그 형제 중 뛰어난 자"(창 49:22, 26)이다. 요셉은 우리로 하여금 교회의 '벽'을 넘어 한 나라에 영향을 미치게 하는 선교 구조와 같다. 하늘의 이슬이 그의 이마 위에 머물고 하나님의 사람들에게 왕자의 위엄을 가져온다. 그는 '애굽'에 가정을 꾸미고, 새 언어와 문화를 배울 수 있다. 영적 전쟁과 시험의 불길을 통과하고, 한 나라를 이끄는 예언자의 옷을 입을 수 있다.

그는 형제들로부터 거절을 맛보았고, 애굽에서 시련과 유혹과 감옥을 모두 겪었지만, 결국에는 다른 사람들의 꿈을 듣고 그들을 격려했으며 이를 통해 어린 시절 꾸었던 자신의 꿈을 이룰 수 있었다. 그는 또한 검사필의된 비전을 품은 아들이다. 형제들은 그의 꿈의 상징인 '채색 옷'을 질투하여 벗겼으며 그 옷을 '피에 적셨다'. 피에 젖은 옷을 보고 소유권이 증명되었다. "내 아들의 옷이라"(창 37:33).

그리스도의 구속의 꿈 역시 잔인한 십자가에 광포하게 못 박혔다. 그리고 구원과 승리의 진위 역시 피와 고통 속에서 증명되었다. "또 그가 피 뿌린 옷을 입었는데 그 이름은 하나님의 말씀이라 칭하더라"(계 19:13). 우리의 꿈과 비전들도 죽음과 고통의 과정을 통과해야 할지 모른다. 라헬의 둘째 아들은 이 '검사필의 된 비전'의 원리를 잘 설명해주고 있다.

베냐민 또는 베노니.

"내 오른손의 아들, 또는 내 고통의 아들"이라는 뜻이다.

먼 훗날 마리아와 요셉이 가게 될 베들레헴에 그 길로 라헬도 약속의 아이를 뱃속에 지니고 가고 있었다. "라헬이 해산하게 되어 심히 고생하여 … 그가 죽게 되어 그의 혼이 떠나려 할 때에 아들의 이름을 베노니라 불렀으나 그의 아버지는 그를 베냐민이라 불렀더라"(창 35:16-18).

인류는 '슬픔의 사람' 그리스도가 십자가에 죽은 것을 보았다. 그러나 옛적 야곱과 마찬가지로 아들보다 위대하신 아버지는 사망의 이름을 바꿔서 부활의 새로운 생명의 이름으로 '명명' 하셨다. 그뿐 아니라 그 아들을 다시 살리시고 하늘에서 자신의 우편에 앉게 하셨다.

베냐민은 부활의 아들이며, 죽음과 고통을 이기는 비전의 최후 승리이다. 우리 각자의 삶의 경험들 속에서 동일한 부활의 대단원을 맞을 수 있기 바란다. 비전과 현실, 고통과 획득, 십자가와 영생의 승리, 이 모든 것들은 인생 축제의 일부이다. 이 '아들들' 하나하나가 우리 안에 그리스도의 형상으로 세워지고, 각자의 '레아를 사랑할 수 있도록' 도와줄 수 있기를 바란다.

결론을 짓기 전에, 특별히 레아를 사랑하는 희생을 알아온 모두를 위해, 비전의 손자들도 살펴보기로 하자. 그들은 깊은 치유의 아들들이다.

므낫세

"잊으라"는 뜻이다. "하나님이 내게 내 모든 고난과 내 아버지의 온 집 일을 잊어버리게 하셨다"(창 41:51).

용서하고 잊으라. 여기서 잊음은 기억하지 못하는 잊음이 아니라 상처는 남지만 고통과 전염이 없는 잊음을 말한다. 요셉은 문제와 역기능의 가족에 대해 잘 알고 있었다. 하지만 어린 아들을 팔에 안고서, 모든 일을 합력하여 선을 이루실 수 있는 하나님의 은혜로운 주권도 알았다. 므낫세는 요셉에게 그의 형제들을 용서할 수 있는 치유의 은혜를 주었다. 그는 과거를 치유하고 힘든 현실의 고통을 달래는 아들이다. 우리도 자신의 '괴로운' 마음에 므낫세라는 선물을 알게 되기를!

하나님을 섬긴다고 어디로 가기 전에 우리는 먼저 인격을 갖춘 건강한 사람이 되는 것이 아주 중요하다. 선교에 대한 부르심과 헌신이 결코 우리의 깊은 상처를 덮는 무화과 잎이 되어서는 안 된다. 선교지가 도피처가 되어서는 안 된다! 사도 바울은 자신의 부르심을 위해 '한 가지 일'을 했다고 분명하게 말한다. "오직 한 일 즉 뒤에 있는 것은 잊어버리고 앞에 있는 것을 잡으려고 푯대를 향하여 그리스도 예수 안에서 하나님이 위에서 부르신 부름의 상을 위하여 달려가노라"(빌 3:13-14).

에브라임

"두 번 풍성함"이라는 뜻이다. "하나님이 나를 내가 수고한 땅에서 번성하게 하셨다"(창 41:52).

우리 모두는 각자 고통의 땅이 있다. 가족, 교회, 도시, 선교 현장 등이 그것이다. 요셉은 애굽에서 엄청난 고생을 했지만 끝까지 인내하여 열매를 맺었다. 그는 아들을 안고서 엄청 만족했다. 그동안의 모든 고생은 가치가 있었다. 훨씬 위대한 요셉인 예수님은 십자가의 엄청난 고통을 아셨지만, 그 십자가에 달리셔서 자신의 고난으로 새로운 인류가 태어나리라는 잉태된 약속을 붙잡으셨다. "그가 자기 영혼의 수고한 것을 보고 만족하게 여길 것이라"(사 53:11).

"그는 그 앞에 있는 기쁨을 위하여 십자가를 참으사 부끄러움을 개의치 아니하시더니 하나님 보좌 우편에 앉으셨느니라"(히 12:2).

'베냐민-베노니'이신 그리스도는 고난을 견디며 풍성한 열매를 맺으셨다. 에브라임은 출산 후에 해산의 고통을 잊고 기뻐하는 어머니이다. 그는 우리의 수고 위에 그리스도를 올려놓음으로써 마치 자신의 열매를 감추는 것 같은 아들이다. 그는 우리의 황폐함과 쓴 뿌리의 절망스러움을 치유하는 자와 같다.

얼마나 아름다운 가족인가! '비전으로 동기'를 부여 받으라! '현실에 실망하는' 한이 있어도 멈추지 말고 '레아를 사랑해야' 한다. 이것은 남편과 아내들에게도 적용된다. 더 이상 예전처럼 아름답지 않아도 절대로 사랑을 포기하지 말라! 환상으로 도망가지 말라. 광고에 미혹되지 말라. 현실의 모든 면을 끝까지 신실하게 사랑하라.

레아를 사랑하는 법을 배우라. 그녀는 영원한 추수를 풍성하게 거두게 해줄 것이다. 그럼으로써 중보라는 하나님의 성품이 당신 안에 만들어지게 될 것이다.

Chapter 8

제십일 시의 일꾼들

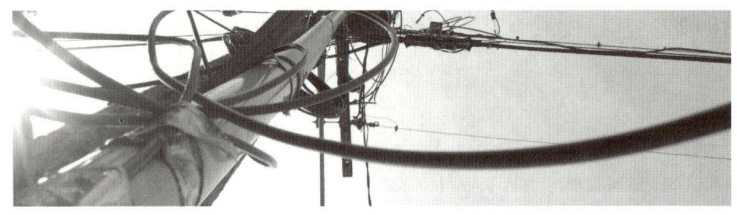

앞 장에서는 선교의 아들 요셉이 탄생하며 비전의 성취가 절정에 달했다. 활력 있는 교회라면 당연히 선교의 비전을 품어야 한다. 위대한 선교 지지자인 오스왈드 스미스(Oswald Smith) 목사는 이렇게 말했다. "교회의 최고의 사명은 세계의 복음화이다."

아직도 세계 절반이 죽음과 죄와 사탄을 이기신 예수님의 승리의 복음을 기다리고 있는 이때, 교회의 선교적 사명은 어느 때보다 더 긴급하다. 하나님은 이 사명을 진행시키기 위해 세계 곳곳에서 새로운 선교 군대들을 일으키고 계신다. 1989년 5월, 예루살렘에서 오순절 기간에 있었던 철야기도 중에 임한 예언적 말씀은 마지막 때에 하나님의 마음을 확증하며 우리를 격려한다.

지금은 추수와 수확의 때, 곧 성령이 모든 육체 위에 쏟아 부어지는 시기다… 지난 수세기에 거쳐 하나님은 그의 일꾼들을 들판으로 부르셨고 그들은 일을 맡길 만한 자들이었다고 말씀하셨다… 이들은 진정 그 날의 수고와 더위를 견뎌냈다. 그런데 추수는 아직도 끝나지 않았다. 주께서 말씀하신다. 이제 내가 너희들 곁에 제십일 시 일꾼들, 아무도 일을 맡기지 않아 한가히 놀던 그들을 보내리라. 이 일꾼들의 군대는 대부분 젊은이들로서 그들은 두려움이나 타협 없이 앞으로 전진하며 복음을 선포할 것이다… 그들은 너희가 가장 기대하지 않았던 나라와 민족들로부터 나올 것이다. 그들은 너희가 이 시간에는 알지 못하는 거대한 무리이며, 주께서는 지금도 그들을 준비하고 계신다…

너희는 내가 너희에게 줄, 제십일 시 일꾼들을 위해 기도하고 그들을 환영해야 한다. 너희는 그들을 질투해서는 안 되며 내가 그들에게 줄 보상을 보고 함께 기뻐해야 한다. 그들은 마지막 때에 기꺼이 왔고, 그들이 없이는 추수가 완성되지 않을 것이기 때문이다.

'제십일 시 일꾼'들은 한국, 남미, 아프리카 등 지난 수년 동안 하나님이 부흥의 능력 가운데 성령을 쏟아 부어주신 곳에서부터 일어나고 있다. 이번 장에서는 우리 각자가 선교적 도전의 개념을 넓히고, 새로 출현하는 선교 운동들에 대한 소망을 얻으며, 그들과 창조적인 협력 관계를 고취하고자 한다. 요셉의 가지들은 정말로 많은 담을 넘고 있다.

내가 요즘 하는 일은 중앙아프리카공화국이라는 숨겨진 나라에서 일어나고 있는 특별한 선발 부대들을 격려하고 세우며 훈련시키는 일에 전념하는 것이다. 나는 가난과 병과 전쟁의 잿더미에서부터 온전한 복음의 능력으로 완전히 변화된 '새 아프리카'가 일어나 세계무대에서 꼭 필요한 역할을 감당하기를 간절히 소원한다. 하나님은 기록된 말씀을 통해, 성경 전체에 은빛 맥락으로 흐르는 선교의 사명을 아프리카의 크리스천들에게 새로 조명하고 계신다. 이 말씀은 남녀를 막론하고 수많은 사람들이 다양한 자생적 세계선교 운동을 조직하는 형태로 아프리카인들 사이에서 시작되고 있다.

제삼 시의 일꾼들

포도원 품꾼들의 비유가 나오는 마태복음 20장 1-16절을 좀 더 자세히 살펴보자. 이 비유는 새로운 선교 운동을 위해 일꾼들을 불러 모으는 상당히 예언적인 외침이다. (일반적인 주석에서 보면 포도원에 먼저 이스라엘 백성들이 있고 제십일 시에 이방인들이 오는 역사적 현실로 연구해 놓았다. 여기서는 이 말씀을 새로운 전세계적 선교를 위한 선교 명령에 연결시켜 풀어보겠다.)

예수님은 복음서에 나오는 다른 비유들처럼 여기서도 하나님 나라에 관한 메시지를 전하고 계신다. 이 비유에서는 (선교의) 들판이나 (글로벌) 포도원에서 일할 사람들을 모집하는 것과 하나님의 통치가 분명히 상관 있음을 강조하여 말씀하고 계신다. 여기서 '집 주인'은 하나님 자신이다. "땅과 거기에 충만한 것과 세계와 그 가운데에 사는 자들은 다 여호와의 것이로다"(시 24:1)라는 말씀을 보라. 하나님은 역사 위에 늘 임재하시며, 적절한 때에 성령을 보내어 하나님 나라의 목적 안으로 사람을 들어오게 하시고 필요한 자원들을 공급하신다.

"이른 아침에"(마 20:1). 창조의 새벽부터 하나님은 이 부담을 가지고 계셨다. 첫 번째로 고용된 사람은 아담이었고, 하나님은 그를 에덴동산에 두어 "그것을 경작하며 지키게"(창 2:15) 하셨다. 하나님은 또한 아담과 하와에게 다음과 같이 말씀하시며 첫 선교 명령을 주셨다. "생육하고 번성하여 땅에 충만하라 땅을 정복하라 … 모든 생물을 다스리라"(창 1:28).

"땅을 갈 사람이 없었던"(창 2:5) 곳에는 하늘에서 비도 내리지 않았다. 그러나 지금은 이 땅 위에 성령의 비를 내리시며, 거듭난 그의 백성들이 번성하고 땅 끝까지 가득 차며 주 예수의 영광스러운 통치를 드러내고 선포하기를 간절히 바라신다. 하나님의 일을 끝낼 사람을 필요로 하신다.

역사의 매 순간마다 자신들의 세대를 위해 하나님의 포도원 일꾼이 될 가치가 있다고 생각하는 남녀들을 찾고 계신다. "또

제삼 시에 나가보니 장터에 놀고 서 있는 사람들이 또 있는지라 그들에게 이르되 너희도 포도원에 들어가라 내가 너희에게 상당하게 주리라"(마 20:3-4). 어쩌면 제삼 시는 나이를 먹어가고 있는 데라가 가나안에서 새 삶을 시작하기 위해 갈대아 우르를 떠나려고 할 때를 나타내는지도 모른다. 그런데 안주하려는 영이 미래의 약속의 땅에 대해 데라가 갖고 있는 개척자적인 꿈을 압도하여 그를 메마른 땅 하란에 정착하게 했고 그는 거기서 죽었다.

그러나 하나님은 역사 안으로 들어오셔서 또 다른 잠재적 일꾼인 아브람을 새롭게 부르신다. 첫 마디에서 '안주'라는 안전지대는 무너져 버렸다. "너는 너의 고향과 친척과 아버지의 집을 떠나 내가 네게 보여 줄 땅으로 가라"(창 12:1).

가장 끔찍한 죄는 간음이나 도둑질처럼 명백히 사람들이 손가락질하는 죄가 아니라 '아무것도 안 하고 있는 것'이라고 누군가가 말한 적이 있다. 아브람은 일상과 무관심이 지배하는 하란이라는 '상업지'로부터 벗어나야만 했다. 육체적인 이사, 민족적 자부심의 상실, 새로운 사회 관습, 과거 전통으로부터의 자유 등은 하나님이 아브람을 움직여 그의 가족이 가야 하는 부르심의 삶을 다시 가게 하려고 제시하신 처방전이었다.

하나님은 언제나 그의 일꾼들에게 알맞은 삯을 지불하신다. 아브람도 예외가 아니었다. 진정한 상급이란 하나님 자신이 우리의 분깃임을 깨닫는 것이다. 이것이 바로 떠나야 하는 두려움 속에 있었던 아브람에게 환상을 통해 주신 하나님의 격려의 말씀이었다. "아브람아 두려워하지 말라 나는 네 방패요 너의 지극히 큰 상급이니라"(창 15:1). 아브람은 가장 훌륭한 약속과 축복을 받은 셈이다. 2천 년이 지나 갈라디아 교인들에게 설교하던 사도 바울은 이 특별한 축복을 언급한다. "그리스도께서 … 우리를 속량하셨으니 … 이는 그리스도 예수 안에서 아브라함의 복이 이방인에게 미치게 하고 또 우리로 하여금 믿음으로 말미암아 성령의 약속을 받게 하려 함이라"(갈 3:14).

그러면 이방인들, 곧 영국인, 한국인, 미국인, 브라질인 및 특히 아프리카와 그 너머에서 나오고 있는 선교국가들에게 줄 아브라함의 축복은 무엇인가?

"내가 너로 큰 민족을 이루고 …"(창 12:2).

'지구 남반구'에 숨겨진 많은 나라들이 있다. 국제 뉴스에 언급되지도 않고, 올림픽에서 금메달을 따지도 못하고, 국제 상업과 무역 회의에서 소외된 나라들 말이다. 그러나 하나님은 그런 나라들이 크게 될 것이라고 약속하신다.

"네게 복을 주어…"(창 12:2).

한 나라 위에 주신 하나님의 미소 띤 약속이다. 또한 그들의 국경 안에 풍성한 수확과 부와 평안이 있으리라는 약속이다. 하나님은 나라들을 축복하기 원하신다. 특히 잊혀진 나라들을 축복하기 원하신다.

"네 이름을 창대하게 하리니"(창 12:2).

불행히도 많은 아프리카 나라들은 가난과 부패와 종족간의 전쟁, 그리고 많은 질병으로 유명하다. 하나님은 이 상황을 바꾸기 원하신다. 하나님은 이 나라들을 지도상에 문제의 땅이 아니라 좋은 명성의 땅으로 표기하기 원하신다. 유럽에서 영국 제도는 '대영(Great Britain)'이라고 알려져 있다. 요즘 영국이 얼마나 '위대한지'는 의심스럽지만 '대(위대한)'라는 칭호는 그 나라가 선교적 확장이 일어나던 시기에 붙은 이름이다. 여기에 바로 약속의 열쇠가 있다. 창세기 12장은 이렇게 결론 짓는다. "네게 복을 주어 … 너는 복이 될지라 … 땅의 모든 족속이 너로 말미암아 복을 얻을 것이라"(창 12:2-3).

미국과 영국이 세계 복음화에 뜨겁게 헌신되어 있을 때 그들은 전세계에 영향력 있는 나라들이 되었다. 어쩌면 현재 아시아의 경제 성장은 그들 교회의 힘과 선교사들을 내보내려는 열심과 상관이 있을지 모른다. 우리는 "하나님, 저를 축복해 주세요"라고 기도하고 거기에 머무는 대신, "하나님, 저를 축복하시고 저를 통해 다른 이들이 축복받게 해주세요"라고 기도를 확장시켜야 한다. 모든 민족들에게 축복이 되고자 하는 기도는 그가 속한 나라가 축복을 받게 하는 것이 된다. 다른 사람에게 받기만 바라는 것은 하나님의 축복을 막는 결과를 가져온다.

아프리카의 변화는 정치적, 사회적 영역에서 시작되는 것이 아니다. 그 변화는 그리스도의 몸인 교회가 일어나 세계 모든 지역에 복음을 나눌 때, 그리고 자신이 열방에 빛이 되고 이 땅 모든 민족들의 축복이 되기를 기도할 때, 그 그리스도의 몸 안에서 시작된다.

하나님을 예배했던 다윗 왕은 시편 67편에서 이 원리를 이해했다. 이 시편은 아론과 그 아들들이 이스라엘을 위해 구하는 제사장의 축복에서 직접 따온 것이다. "여호와는 네게 복을 주시고 너를 지키시기를 원하며 여호와는 그의 얼굴을 네게 비추사 은혜 베푸시기를 원하며 여호와는 그 얼굴을 네게로 향하여 드사 평강 주시기를 원하노라"(민 6:24-26).

이스라엘은 이 축복을 자신들만을 위해 간직했다. 그러나 다윗은 순전한 성령의 감화 아래 이 축복을 세상까지 확장시켜 아브라함의 축복으로 다시 연결 짓는다. "하나님은 우리에게 은혜를 베푸사 복을 주시고 그의 얼굴 빛을 우리에게 비추사 주의 도를 땅위에, 주의 구원을 모든 나라에게 알리소서"(시 67:1-2).

다윗은 심지어 하나님의 선교 명령에 순종함으로써 이스라엘을 번영케 할 물질적이고 일시적인 축복까지도 이해했다. "땅이 그의 소산을 내어주었으니 하나님 곧 우리 하나님이 우리에게 복을 주시리로다 하나님이 우리에게 복을 주시리니 땅의 모든 끝이 하나님을 경외하리로다"(시 67:6-7).

이 원리를 지나치게 단순화하고 일반화하여 모든 나라의 어려움을 해결할 전 세계적 만병통치약으로 여긴다면 그것은 실수이다. 하지만 아브라함에게 내린 성경의 명령은 진지하게 받아들여야 하며, 사회경제의 역사를 보면 이 약속을 순종한 각 나라들이 어떤 결과를 누리고 있는지 보여주는 증거는 많다. 나라들마다 이 언약 안에서 최고에 이르기도 한다고(나중에 쇠퇴하기도 한다) 말하는 게 옳다. 하나님의 시간표에서 이제 아프리카와 그 너머의 나라들이 오랜 기다림 후에 마침내 모습을 드러내는 듯하다. 역사를 지나오며 다른 이방 나라들 곁에서 이 언약 속의 자기 몫을 담당하는 것과 같다.

제육 시와 제구 시의 일꾼들

성경 전체에 걸쳐 흐르는 아브라함의 축복에 대한 맥락은 나중에 다시 살펴보고, 지금은 포도원을 위해 일꾼들을 모집하는 주인에게로 다시 돌아가 보자. "제육 시와 제구 시에 또 나가 그와 같이 하고"(마 20:5).

하나님의 방법은 변함이 없으시다. 하나님의 관심은 언제나 기꺼운 마음으로 포도원에서 일하고 싶은 남자와 여자들에 있다. 하나님은 역사의 중요한 시기마다 그분의 일을 수행할 일꾼들을 부르셨다. 어쩌면 베드로가 갈릴리 해변에서 예수님의 열정어린 눈빛과 마주친 시간이 제육 시쯤이었는지 모르겠다. 베드로는 '나를 따르라'는 말씀에 응하여 사람을 낚는 어부가 되었고, 오순절 사건 후 새로운 교회 시대를 열고 은혜의 복음을 전한 선두 주자 가운데 한 사람이 되었다.

이 비유를 문자 그대로의 시간과 교회의 역사나 선교의 성장에 적용하는 것은 어리석은 일이다. 그러나 기록된 시간 사이사이에 집 주인은 초기 베네딕트회 수사들이나 켈트 선교사들과 같은 일꾼들을 보고 기뻐했을 것이다. "성 베네딕트 서열의 수도원은 7, 8세기에 기독교가 게르만 민족 나라들에 들어갈 수 있도록 중요한 역할을 했다. 또한 콜롬바 수도원과 정착민들은 아일랜드에서부터 이오나 제도와 스코틀랜드, 북유럽과 중유럽으로 헌신된 선교사들을 준비시켜 내보냈다."

이오나의 대수도원장 아담난(Adamnan)이 그의 저서에서 콜롬바 수사를 묘사한 글을 통해 당시 부르심 받은 일꾼들의 철저하고 수준 높은 인격을 엿볼 수 있다.

> 그는 공부를 하거나 기도를 하거나 글을 쓰는 등 어떤 거룩한 일을 하지 않고서는 단 한 시간도 그냥 보내지 않았다. 그는 밤낮으로 끊임없이 금식하며 깨어 있었다. 이러한 금욕 생활은 인간이 견딜 수 있는 모든 한계를 넘어서는 것 같았다. 거룩한 기쁨이 늘 얼굴에서 빛났고 그 광채는 그의 영혼 가장 깊은 곳을 채우신 성령의 기쁨과 즐거움을 드

러냈기에 사람들은 그를 좋아했다.

아시시의 프란시스와 같은 사람들은 교회가 타락하고 부패하자 교회를 회복하라는 부르심을 느꼈다. 그는 1219년, 십자군 운동을 하던 프랑크 계열로부터 이슬람권 사라센 계열로 옮겨가면서 이슬람권에 복음을 전하는 데 처음으로 관심을 표한 사람들 중 하나였다. 그는 술탄(이슬람 국가의 왕) 앞으로 나아가 다음과 같이 선포했다고 한다. "나는 사람이 보내서 온 것이 아니라 하나님의 보내심을 받아 당신에게 구원의 길을 보여드리러 왔습니다."

롱포드(Longford) 경은 성 프란시스의 전기에서 그를 '성령에 취했거나 아니면 하나님과 사랑에 빠져 나아간 사람'이라고 묘사한다. 하나님이 아브라함에게 아버지 집을 떠나라고 하신 말씀을 곧이 곧대로 이행한 프란시스의 일화는 매우 유명하다. 그는 떠나기 전 자기 아버지에게 돈을 갚아야 할 일이 있었다. 롱포드는 이야기를 계속한다.

… 그는 옷을 벗어서 돈과 함께 주교의 발 앞에 내려놓았다. 그는 말했다. '주교님, 아버지의 돈뿐 아니라 제 옷까지도 기쁘게 아버지에게 돌려드리겠습니다. 그저 '나의 아버지, 피에트로 베르나르도네'가 아니라 '하늘에 계신 우리 아버지'에게 말하고 싶을 뿐입니다.' 사람들

은 그에게 주교의 농장 일꾼들이 입는 낡은 웃옷을 주었다. 프란시스는 감사함으로 그 옷을 받아 분필 한 조각으로 그 위에 십자가를 그려서 성 보나벤처(St. Bonaventure)의 말을 빌리자면 '십자가에 달린 사람이나 거지에게 어울리는 옷'을 만들었다.

성 프란시스 이후 이슬람인들 사이에서 부르심을 받은 첫 번째 일꾼인 레이몬드 럴(Raymond Lull, 1236-1315)은 어느 날 포도원에서 일하라는 부르심을 들었다. 그는 법정에서 누리던 자신의 직위를 포기하고 그리스도의 발자취를 따랐다. "하나님의 십자군들이 평강의 왕의 무기를 가지고 십자가를 위해 싸웠더라면 어떻게 했을지 보여주기 위해 레이몬드 럴을 일으키셨다."

그는 프란시스가 하나님과 한 언약에 관한 이야기를 듣고 자기도 하나님께 성결하게 헌신할 것을 서약했다. "오, 주 하나님, 당신께 저와 제 아내, 그리고 아이들과 제가 소유한 모든 것을 드립니다. 저와 제 가족이 십자가에서 죽기까지 겸손히 자신을 낮추시고 저의 모든 것을 받아주신 당신을 기쁘게 해드리기 원합니다."

그는 이슬람인들이 사용하도록 사죄의 책을 썼으며 아랍어와 다른 언어들을 가르칠 선교 대학들을 세웠다. 그는 튀니스에서 이슬람 지도자들에게 설교를 한 후 감옥에 갇혔다. 1307년 아프리카로 다시 돌아온 레이몬드는 이슬람 도시인 부기(Bougie, 알제리 베자이아의 옛 프랑스 식민지 이름)의 상업 중심지에서 지혜롭지 못하게도 마호메트가 거짓 선지자라고 선포하다가 다시 옥에 갇혔다. 그리고 정확하지는 않지만 1314년에 78세의 나이로 부기에 돌아와 적은 수의 개종자들과 함께 약 1년간 머물며 사역한 것으로 알려졌다. 어느 날 그는 도시 중심으로 걸어 들어가 사람들에게 마호메트를 부인하라고 선포했다. 그리고 즉시 돌에 맞아 죽었다.

흥미로운 사실은 지난 수년간 부기라는 바로 이 도시에 작은 부흥이 일어났다는 점이다. 그곳의 많은 크리스천들은 부활하신 그리스도를 초자연적으로 체험하고 환상을 통해 하나님께로 돌아왔다. 몇 년 전, 나도 그 도시를 방문한 적이 있는데, 그곳은 아직도 그리스도를 믿는 교회에 큰 도전이 되는, 알제리 전체를 통틀어 영적으로 가장 열린 장소 중 하나라고 증언할 수 있다. 분명 레이몬드 럴의 희생은 지금도 열매를 맺고 있다.

이슬람 세계에 대해 많은 글을 쓴 작가이자 정치가인 사무엘 즈웨머(Samuel Zwemer)는 럴과 이슬람권의 도전에 대해 이같이 썼다.

이 땅에 아직 추수되지 않은 들판들은 그들의 오순절을 맛보기 전에 먼저 갈보리를 거쳐야 한다. 이슬람 세계의 첫 선교사였던 레이몬드 럴은 이와 같은 생각을 중세 언어로 다음과 같이 표현했다. "허기진 사람이 빨리 가서 먹을 것을 취하는 것처럼, 당신의 종도 당신에게 영광을 돌리기 위해 피와 눈물을 흘리며 밤낮으로 그 일을 끝내고자 서두릅니다."

레이몬드 럴에 관한 이야기는 그의 글을 인용하며 끝내도 좋을 것 같다. "사랑 없이 사는 사람은 살았으나 산 게 아니고, '생명'이신 분을 의지하여 사는 사람은 죽었으나 죽은 게 아니다."

루터가 종교개혁을 일으켰지만 이상하게도 200년 동안 선교 현장은 경시 당했고 일꾼은 부족했다. 가톨릭과 제수이트 수사들은 그 당시 발견한 미 대륙과 아시아로 자유롭게 앞장서서 갔다. 프란시스 자비에르(Francis Xavier)는 이 일꾼들 중 가장 알려진 인물이다. 〈무어랜즈(Moorlands)〉 선교 신문의 다음 인용을 보면 그의 수고를 엿볼 수 있다.

36세의 나이, 1547년 5월 6일, 자비에르는 인도의 고아에 도착하여 그 땅에 로마 교회를 설립했다. 그후 그곳에서 200여 명의 제수이트 수사가 헌신했고 다른 이들도 뒤따랐다. 자비에르는 그곳에서 많은 고난을 겪었으며, 병든 자들과 교도소들을 방문했다. 그는 곧 이교도들 중에서도 많은 수의 개종자들을 얻게 되었다. 지쳐서 목소리조차 나오지 않는 때도 많았고 세례를 주느라 팔이 내려앉는 것 같은 때도 많았다. 그 후 그는 일본으로 가서 제수이트 선교회를 설립했지만 1552년, 중국에 들어가려고 시도하다가 실패로 끝나면서 세상을 떠났다.

신교는 경건주의 운동의 결과로 모라비아 선교 운동을 설립하여 포도원에서 일할 첫 일꾼들을 배출하기 시작했다. 모라비아 선교단은 크리스천 다비드(Christian David)의 지도 하에 오스트리아, 모라비아 및 보헤미아에서 일어나 드레스덴 헤른후트에 있는 진젠돌프(Zinzendorf) 백작의 영지에서 피난처를 얻었다. 그것은 1722년의 일이었다. 그들은 붉은 색 바탕 위에 부활의 십자가를 지고 있는 어린양을 그들의 인장으로 채택했다. 그 위에는 "어린양이 승리하셨다. 그의 뒤를 따르자"라는 표어가 있었다. 10년 만에 그들은 전 세계의 10개 지역에 선교사들을 파송했다. 그 후 150년 동안 2,170명의 선교사들을 내보냈다.

포도원 주인이 몇백 년 동안 자기 들판으로 부른 모든 일꾼들을 다 언급하기는 힘들다. 하지만 선교 모래시계 속의 모래가 열심히 내려와 비워지는 것 같은 이 시즌에, 역사를 확연히 바꾸어 놓고 선교 진보의 현 시대를 들여온 중요한 세 사람은 꼭 주목하고 가도록 하자.

윌리엄 캐리(William Carey, 1761-1834)

윌리엄 캐리는 선교 역사에서 가장 위대한 이름 중 하나이다. 시간제 교사이자 구두 수선공이었던 그는 '이교도 개종을 위해 수단들을 사용할 크리스천의 의무에 관한 연구'라는 제목의 논평을 발표했다. 그는 이 논평을 통해 당시 만연했던 "지상 명령은 더 이상 교회의 책임이 아니다"라는 식의 안일한 태도를 공격했고, 이교도 나라들을 향한 크리스천의 책임에 대해 그들의 양심을 일깨웠다. 하루는 캐리가 어떤 모임에서 자신이 가지고 있는 선교에 대한 부담을 나누고 있었는데, 의장이 그의 이야기를 중단시키고 이렇게 꾸짖었다고 한다. "앉게, 젊은이, 자네는 광신자군. 하나님이 이교도들을 개종시킬 계획을 갖고 계시면 자네나 나의 의견을 묻지 않고 그렇게 하실 걸세."

그렇지만 캐리는 앉지도, 입을 다물지도 않았고, 드러나지 않게 일을 진행해 나갔다. 사람들이 상례적으로 '캐리 학교'라고 부르던 그의 가게 벽에는 세계의 거의 모든 나라들을 상세히 그려놓은 지도가 있었다. 마침내 그는 영국 케터링 지역 목사들을 모아 최초의 '선교 협회'를 세우는 데 성공했고, 그렇게 '수단'을 통한 선교의 새 시대를 열었다. 그 협회의 이름은 '이교도들 사이에 복음을 전파하는 특수 침례교 협회'였다. 〈퍼스펙티브〉 지는 그의 이야기를 다음과 같이 썼다.

> 새로 형성된 협회 아래 캐리와 한 동료는 1793년에 인도로 가는 배를 탔고, 마침내 캘커타 근처의 덴마크 영토인 세람폴에 정착했다. '세람폴 3인조'인 캐리, 조슈아 말쉬맨(Joshua Marshman), 그리고 윌리엄

워드(William Ward)는 성경의 일부를 여러 아시아 언어들로 번역하고 인쇄했다. 또한 인도 크리스천들을 훈련하는 학교를 설립했다. 캐리는 비록 정식 교육은 많이 받지 못했지만 그가 갖고 있는 뛰어난 인내와 확신으로 말미암아 재정의 위기, 자연 재해, 가족의 질병, 또한 영국으로부터의 비판을 뚫고 나아가 복음 전도, 언어학, 자연 과학, 그리고 교육 면에서 진보를 가져왔다. 그는 다른 사람들과 자신에게 "하나님으로부터 위대한 일들을 기대하고, 하나님을 위해 위대한 일들을 시도하라"고 간곡히 권고했다. 역사가들은 개신교 선교의 현대 시기를 캐리의 '조사' 논평의 출판 날부터로 보기 때문에, 오늘날 캐리는 '개신교 선교의 아버지'로 인정받고 있다.

허드슨 테일러(Hudson Taylor, 1832-1905)

하나님은 복음이 모든 민족들에게 전하기를 원하셨지만 아직 대부분의 선교단체들은 해안지역을 중심으로 사역하는 것에 만족하고 있었다. 그러나 이제 선교사들을 후원하는 전통적인 방법들로는 불충분하며 엄청나게 많은 수의 선교사가 일어나기 위해서는 새로운 믿음의 원동력이 절대적으로 필요하다는 사실이 명백해졌다.

하나님은 한 사람을 선택하시고 그에게 거대한 중국 대륙을 향한 '마게도냐' 부르심의 부담을 주셨다. 그는 중국선교의 한 기간을 마치고 건강이 악화되어 영국으로 돌아왔지만 전략적으로 중국 내륙을 향한 새로운 '하나님의 신실하심을 의지하는 선교(faith mission)' 방법을 토대로 한 '중국내륙선교회(China Inland Mission)'를 창설했다. 창설 후 첫 40년 동안 CIM의 선교사 52명과 아이들 16명이 순교를 당했다. 그럼에도 불구하고, 아니 어쩌면 그것 때문에, 오늘날 OMF가 된 이 선교 단체는 점점 성장해 중국 내륙 지방에 6천 명이나 되는 선교사들을 보내거나 그 파송을 도왔다.

그 일을 가능하게 한 사람이 바로 허드슨 테일러이다. 그는 열여섯 살의 나이에 그의 삶을 거룩하게 구별하는 하나님의 만지심을 경험했다. 그는 '하나님의 신실하심을 의지하는 선교' 방법을 따르는 데 있어 엄청난 책임을 놓고 내적으로 고투하던 중 — 그는 어떤 사람에게 '아마 나는 중국으로 보내 죽게 하려는 젊은이들의 피 값을 짊어지게 될 것'이라고 말했다고 한다 — 브라이튼 해변에서 이렇게 말씀하시는 하나님을 만났다. "중국 내륙에 젊은이들을 보내려고 하는 것은 네가 아니라 나다."

OMF에서 발간한 회고집 「섬김으로의 부르심(The Call to Service)」은 테일러가 어떤 고투를 겪고 결국 어떤 승리를 얻어냈는지 잘 묘사하고 있다.

> 그러면 나는 어떻게 해야 하는가? 죄의 죄책감은 점점 더 무거워졌다. ⋯ 1865년 6월 25일 주일, 무수한 사람들이 주님을 알지 못해 멸망해

가고 있는데, 여기 천 명이 넘는 크리스천들은 모여 그저 자신들이 누리는 안전함에만 도취되어 있는 모습을 보자니 견딜 수가 없어 나는 밖으로 나갔다. 나는 영적으로 크게 번민하며 해변의 모래사장을 혼자 헤매 다녔다. 거기서 하나님은 나의 불신을 압도하셨고, 나는 하나님을 섬기기 위해 나 자신을 완전히 굴복시켰다. 생겨나는 모든 문제들과 그 결과에 대한 책임은 하나님께 있으며, 하나님께 순종하고 따르는 것은 종인 나의 책임이라고 말씀드렸다. 또한 나와 나의 동역자들을 이끌고 돌보며 인도하는 책임도 하나님께 있다고 말씀드렸다.

선교는 이렇게 깊은 영혼의 번민과 고뇌 속에 탄생한다. 이제 아프리카와 기타 지역에서 일어나고 있는 새로운 선교 운동들도 의심할 여지없이 하나님이 택하신 일꾼들의 마음속에 자리 잡은 중보의 기초 위에 세워질 것이다. 당신 역시 하나님의 일을 위한 책임을 갖기 위해 자신에게 주어진 싸움을 싸워 가면서 승리를 경험하기 바란다.

카메론 타운센드(Cameron Townsend, 1896-1982)

카메론 타운센드는 현 시대 사람으로 위의 두 사람보다는 덜 알려져 있지만 숨겨진 미전도 족속들을 세상에 드러내준 인물이다. 그는 과테말라의 한 부족 원주민에게 스페인어로 복음을 전하던 중 "당신의 하나님이 그렇게 똑똑하다면 왜 우리 부족 말을 하지 못합니까?"라는 질문을 받았다. 이 질문을 계기로 그는 세상에서 복음을 한 번도 듣지 못한 부족들에게 집중하게 되었다. 랄프 D. 윈터(Ralph D. Winter)는 '네 사람, 세 시대, 두 과도기(Four men, three eras, two transitions)'라는 글에서 다음과 같이 타운센드의 공적을 강조한다.

> 우리 시대에 윌리엄 캐리나 허드슨 테일러와 견줄 만한 사람은 카메론 타운센드다. 캐리나 테일러와 마찬가지로 타운센드는 미전도 영역이 남아 있음을 보았고, 거의 반세기 동안 세상에서 경시된 부족들을 위해 경적을 울려왔다. 처음에 그는 기존 협회들이 미전도 부족들에게 복음 전하는 일을 돕기 바랐으나 캐리와 테일러처럼 결국 자신이 직접 선교 단체를 세웠다. 이렇게 탄생한 '위클리프 성경 번역(Wycliffe Bible Translators)'은 이제까지와는 다른 방법으로 복음을 전하는 데 헌신하고 있다.
> 처음에 타운센드는 세상에 약 500개의 미전도 부족들이 있다고 생각했으나 나중에는 1,000개로, 그 다음에는 2,000개로 그 수를 개정했고, 지금 그 수는 5,000개에 가깝다. 사역이 점점 거대해짐에 따라 그 조직도 커져, 오늘은 어른 일꾼들만 4천 명이 넘게 헌신하고 있다.

제십일 시의 일꾼들

집주인의 포도원에 이미 많은 공헌을 한 용감한 일꾼들에 대해 역사가 증언하고 있다. 그들은 진정 "종일 수고하며 더위를 견딘"(마 20:12) 자들이었다. 그러나 세상의 반 이상이 아직도 복음의 메시지를 분명하게 전해 듣지 못하여 온전한 수확이 이뤄지지 못했다. 오순절 사건 이래 선교의 역사가 점점 더 확장되어 2천 년이 지난 오늘까지 이룬 놀라운 성취에 하나님을 찬양한다.

그런데 이 일의 완성을 보기 위해 우리는 또 다시 2천 년을 기다려야 하는가? 우리가 살고 있는 시대는 마지막 시간이 다가오는 듯하다. 이스라엘은 조국 땅으로 돌아갔고 세상의 많은 사건들을 보면 지금이 정말로 제십일 시, 곧 선교를 위해 자원하여 섬길 수 있는 마지막 기회인 것 같다.

너무 놀라운 사실은 이 일을 완성하려는 하나님의 마음은 엄청 긴급함에고 불구하고 거의 대부분의 크리스천들은 여전히 장터에 서서 아무 일도 하지 않고 있다는 점이다. "제십일 시에도 나가보니 서 있는 사람들이 또 있는지라 이르되 너희는 어찌하여 종일토록 놀고 여기 서 있느냐"(마 20:6).

하나님은 "너는 어찌하여 여태까지 세상의 복음화를 위해 아무 일도 하지 않느냐?"라고 물으신다. 우리 모두에게 주시는 이 질문의 도전을 피할 수 있는 자는 아무도 없다. 특히 지구 남반구에 사는 크리스천들에게 그러하다. 지난 세대 동안 선교의 수고는 유럽인들과 미국인들의 위업으로 가득 찼다. 과연 미래에도 이런 유형이 되풀이될 것인가?

20세기가 시작될 때는 크리스천의 95퍼센트가 서방 세계에 있었고, 단지 5퍼센트만이 남반부(2/3 세계)에 있었다. 그러나 지금은 세계 크리스천의 75퍼센트가 남반부에 있으며 월등히 가장 큰 성장은 아프리카에서 일어나고 있다. 랄프 윈터는 '세계 선교 조사(World Mission Survey)'라는 글에서 "언젠가는 세계 어느 대륙보다 아프리카에 더 많은 크리스천들이 있을 것이다. 2000년까지는 예수 그리스도를 따르는 다양한 배경의 아프리카인들의 수가 3억 5천만에 달할 것이다"라고 기록한다.

하나님은 가장 좋은 포도주를 마지막까지 남기셨다. 마지막을 위해 집주인이 아프리카와 그 밖의 지역에서 거대한 군대처럼 많은 일꾼들을 준비시켜 놓으셨음은 의심의 여지가 없다. 이 일꾼들이란 지금은 비록 청소년기이지만 성숙해가고 있는, 힘과 미래를 향한 비전으로 가득 찬 아프리카 교회를 의미한다. 두려움과 죽음으로 속박하고 있는 지옥의 권세에 맞설 아프리카의 많은 나라들의 힘센 전사들을 의미한다. 우리의 원수는 교회가 세계 선교의 목적을 위해 아무 일도 하지 않기를 원한다. 기독교 인구가 70퍼센트가 넘는 아프리카 국가들이 많다. 그들은 스스로를 복음적 크리스천이라 여기지만 아직 자생적인 선교 사역을 하고 있지는 못하다. 이제는 이들이 일어서서 일꾼의 수에 포함될 때가 분명히 왔다.

"우리를 품꾼으로 쓰는 이가 없음이니이다"(마 20:7).

어쩌면 이들은 이렇게 같이 외칠지도 모른다. "우리는 선교사를 보내기보다는 받는 데 익숙했습니다. 우리는 어떤 조직도, 전략도 없습니다. 우리 땅은 가난하고 개발되지 못했으며, 우리는 여전히 거절당하고 있는 데다 교육도 제대로 받지 못했습니다. 우리는 두렵고 일꾼으로 고용되기에 부적합합니다."

당신 역시 선교에 참여하지 않는 당신만의 이유를 댈지 모르겠다. 그러나 그렇다고 해서 주인의 제십일 시 명령이 바뀌지는 않는다. "너희도 포도원에 들어가라"(마 20:7).

지구 남반부 및 전 세계의 크리스천들이여, 세계 복음화의 배턴을 이어받고, 바로 당신의 나라들을 변화시켜라. 그리고 하나님이 예정하신 대로 예수님의 다시 오심을 완성하도록 아브라함에게 주신 그 약속을 붙잡으라. 지금이 당신의 때이다. 용기를 내어 이 부르심에 응하겠는가? 영광스런 제십일 시 군대는 이전의 군사들보다 결코 약하지 않다!

최근 아프리카 대륙의 중심에 자리 잡은 중앙아프리카공화국을 방문하던 중, 누군가가 다음의 환상을 나누었다. 이 환상에서 한 아프리카 청년의 세 가지 다른 모습이 섬광처럼 지나갔다. 첫 번째 모습은 이 청년이 소총과 날이 넓은 큰 칼을 손에 쥐고 부족

간의 증오심에 가득 차서 죽이고 죽으러 나가는 모습이었다. 두 번째 모습에서 이 아프리카 청년은 비쩍 마른 채 외로운 동물처럼 에이즈로 죽어가고 있었다. 그리고 세 번째는 이 청년이 손에 성경을 들고 이슬람 중심부에서 설교를 하다가 순교 당하는 장면이었다.

그 해석은 이렇다. 우리의 원수는 아프리카에서 일어나는 크리스천 군대를 멸하고 싶어 한다. 죽음과 파멸의 영은 부족 간의 폭력과 부도덕과 질병을 통해 1차 세계대전 때 유럽에서 그랬듯 약속의 아들들을 깨끗이 쓸어버리고자 한다. 그러나 하나님은 더 좋은 계획을 가지고 계시다. 사탄에게 삶을 빼앗기지 말고 예수님께 제사로 드리라. 하나님은 자신의 전부를 기꺼이 드리고자 하는 두려움 없는 아프리카의 순교자 군대를 준비하고 계신다. 하나님은 말씀하신다. "너희도 포도원에 들어가라"(마 20:7).

똑같은 약속과 특권을 누릴 수 있다

'제십일 시 일꾼들'에 관해 정리하면서 마지막으로 놀라운 계시를 나누며 마치고자 한다. "나중 온 이 사람에게 너와 같이 주는 것이 내 뜻이니라"(마 20:14).

얼마나 큰 특권인가! 하나님의 후하심이 얼마나 큰가! 우리는 역사에 앞선 자들과 똑같은 약속과 특권을 누릴 수 있다! 허드슨 테일러나 아도니람 저드슨(Adoniram Judson)과 동일한 상급을 받을 수 있다. 이 특권을 잊고 원망하고 삯을 세는 어떤 일꾼들처럼 되지 말자(마 20:12).

그리스도를 섬기는 특권을 잊은 일꾼은 원망하게 마련이다. '종일 수고하며 더위를 견디는' 것이 바로 특권이다.

우리의 상급은 그리스도 자신의 고난과 그분의 영광을 함께 받는 것이다(롬 8:17). 우리의 분깃이신 그분을 바라보지 않으면 우리는 바로 율법주의와 원망에 빠져들게 된다. 그렇게 되면 우리는 죄와 죽음을 이기신 그리스도의 최후 승리에 대한 기쁨으로 일하는 것이 아니라 그저 힘들고 괴로운 노동을 하게 될 것이다.

처음이요 마지막이시며(계 1:8), 창조 때 아버지 곁에 계셨던 첫째 일꾼이자 하늘나라의 추수를 위해 다시 오실 마지막 일꾼이 바로 그리스도이시다. 그분은 매 시간을 자신의 생명과 맞바꾼 선물로 채우신다. 종일 수고하고 더위를 견딘 사람이 누구인지 보고 싶은가? 그렇다면 어깨 위에 세상 죄와 지옥의 열기를 짊어지고 팔레스타인의 뜨거운 태양 아래 나무 십자가에 못 박히신 벌거벗은 그분의 형체를 바라보라. 주님은 원망하지 않으셨다! 오히려 하늘의 사명을 성취한 기쁨으로 가득 차셨다. "그는 그 앞에 있는 기쁨을 위하여 십자가를 참으사 부끄러움을 개의치 아니하시더니"(히 12:2).

하나님의 기쁨은 하나님을 따르려고 일어나는 일꾼들의 군대를 보는 것이었다. 그 기쁨은 지금 모습을 드러내고 있는 아프리카, 브라질, 중국 및 한국의 선교 군대와 선교 공동체들이었다. 하나님의 기쁨은 바로 우리이다! 어쩌면 우리는 개인이든, 나라이든 자신을 마지막 일꾼처럼 느낄 수도 있다. 그러나 하나님은 하나님을 증거하고 그분에게 영광을 돌리는 일에 있어 우리가 처음 일꾼이기를 원하신다. 우리는 선교 운동의 긴 역사에서는 마지막일지 모르지만 어쩌면 왕의 돌아오심을 맞아들이는 대열에서는 처음일지도 모른다. "먼저 된 자로서 나중 되고 나중 된 자로서 먼저 될 자가 많으니라"(마 19:30).

오래 전 내 아내는 셋째 아이를 임신하고 있었다. 아내의 배가 불러오자 나는 하나님께 이 아이를 축복해 달라고 구했다. 나는 아직 태중에 있는 아이 위에 손을 얹고 하나님이 마태복음 20장의 구절들을 주시는 음성을 들었다. 하나님을 위한 일꾼이 되어 그리스도의 영광을 기업으로 받는 것보다 더 큰 축복이나 특권이 있을 수 있는가!

"오, 하나님, 이 아이가 자라면서 이 아이를 위해 남겨진 일이 있게 해 주십시오! 이 아이에게 당신을 섬기는 기쁨을 주십시오!"

내 딸은 지금 스물두 살이다. 그 아이는 지금 새로운 계절에 새로운 패러다임인 '킹덤 비지니스'를 만들어내는 일로 주님을 섬기고 싶어 한다. 이와 동일하게 하나님이 이 세상에 이제 모습을 드러내는 나라들에게, 그리고 당신에게, 주님의 추수 밭에 제 십일 시 일꾼이 되는 기쁨을 주시기 바란다.

"너희도 포도원에 들어가라"(마 20:7).

Chapter 9

피그미족과 대통령들의 하나님
― 기도로 한 나라를 변화시키기 ―

앞에서 말한 것처럼 나는 기도를 통해 중앙아프리카공화국에서 자생적인 선교 운동을 발전시키는 일에 깊이 관여하도록 이끌림을 받았다. 하나님께서는 나지막한 속삭임을 통해 이 일에 기초를 세워가셨다. 그런 '속삭임' 중 하나인 2000년 4월, 아프리카 숲속의 엄청난 만남으로 인도하신 한 일화를 소개하고자 한다.

어둠에서 빛으로 옮기시는 하나님

이 여행을 하기 몇 달 전부터 나는 지난 수년간 이 나라에 선교를 위해 주신 모든 계시들을 불어로 써야 한다는 확신이 들었다. 이 글은 아프리카 핵심 리더인 아나톨(Anatole)과 '나시옹 엉 마르쉐 (Nations En Marche, 행진하는 나라들)'이라는 선교 단체가 그 해 10월에 창시하려는 폴리 테크닉(종합기술 대학)을 위한 자료가 될 것이었다. 글을 쓰다 보니 결국 A4 용지 100페이지짜리 책 한 권 분량의 문서가 되었다. 이 문서는 출판되어 현재 프랑스와 그 밖의 나라들에서 판매되고 있다.

이 여행 전 마지막 '기도의 날'에 우리는 많은 영적전쟁과 돌파가 이미 시작되었음을 감지했다. 예언적 기도를 통해 우리는 다음과 같은 음성을 들었다.

"나는 피그미 종족과 그들의 대통령들의 하나님이다."

중앙아프리카공화국을 향한 하나님의 뜻을 위해 기도하는 우리에게 이 음성은 엄청난 자유과 격려를 주었다.

나는 이 약속과 함께 가르칠 자료와 원본들로 무장하고서 피그미족과 일했던 전 스위스 선교사 필립페 모노드(Philippe Monod)를 만나기 위해 공항으로 떠났다. 스위스에서 오는 필립페의 비행기가 연착되어 나는 먼저 수속을 하기로 했다. 그런데 내 여권이 만기되었다고 친절히 알려주는 항공사 여직원의 말을 듣고 내가 얼마나 당황했는지 상상할 수 있겠는가? 여권 없이 여행할 방도는 없었다. 나 자신이 너무 바보 같이 느껴졌다. 할 수 없이 나는 모든 자료라도 필립페가 도착하면 전해줘야겠다고 마음먹었다. '적어도 책과 자료들은 그곳에 도착할 수 있겠지'라고 생각한 것이다.

그런데 가방을 열자 낯선 옷들이 눈에 들어왔다. 기차에서 내리면서 실수로 다른 사람의 가방을 집어온 것이었다! 소중한 책과 자료들이 담긴 내 가방은 아마도 리옹 역 어딘가에서 헤매고 있었고, 대신에 나는 휴가를 떠나는 어느 불행한 여행자의 옷을 손에 쥐고 있었다. 게다가 내 비행기 표는 밤 11시 반이 지나 환불도 할 수 없는 상태가 되었다. 어디 이뿐인가! 필립페가 타고 온 비행기는 연착되어 그가 활주로에서 바로 다음 비행기를 탔다는 정보를 받았다. 필립페에게 내 상황을 알려줄 수도 없게 된 것이다. 모든 문이 막혔다.

나는 풀이 죽어 어슬렁거리다가 빈 대기실로 들어가 노숙자 몇 사람과 바닥에 앉아 있었다. 그 순간 나 자신이 너무나 쓸모없게 느껴졌다! 대적은 내 귓속에 "이제 너는 끝났어! 네가 중앙아프리카공화국에 필요 없는 존재라는 게 드러난 거지"라고 외쳤다. 사탄은 피그미족과 대통령들에 관해 "그건 이제 우스갯소리야! 불가능해…"라고 조롱하듯 말했다.

절망적인 생각들이 떠오르고 내 영혼은 바닥을 쳤다. 나는 그저 바닥에 드러누워 하나님께 울부짖었다. 때는 자정이었다. 시간이 지나며 나는 살며시 내 마음을 붙드시는 하나님을 느꼈다. "걱정하지 말아라", "내가 다 알아서 하겠다"고 말씀하시는 것 같았다. 웅덩이에 빠진 나를 건져내 소망과 믿음의 자리로 데려다 놓으시는 것 같았다. 그리고 창세기에서처럼 "저녁이 되고 아침이 되었다."

언제나 하나님은 어둠에서 빛으로, 곧 새 시작으로 우리를 옮기신다. 하나님은 정말이지 모든 일을 해결하셨다. 한 철도원에게로 나를 인도하셨고, 그 철도원은 믿기 어려울 정도로 세밀하게 나를 도와주었다. 그는 자기 업무 영역을 넘어서 내가 잃어버린 가방을 추적하느라 사방에 전화를 했고 결국 그 가방이 리옹에 있음을 알아냈다. 대개는 가방이 다시 돌아오려면 오랜 시간을 기다리고 또 운송비를 내야 했지만, 철도원은 바로 그 다음 기차로 가방이 공항까지 무료로 돌아오도록 주선해 주었다. 가방은 10시면 공항에 도착한다고 했다.

그 다음에는 여권이 문제였다. 파리에 있는 스위스 영사관(나는 스위스 국적을 가졌다)으로 가서 도움을 받을 수 있는 시간은 두 시간 정도밖에 없었다. 오랜 시간이 걸려 영사관에 도착했지만 놀랍게도 그들은 단 15분 만에 여권 기간을 연장해 주었다!

남은 문제는 비행기표였다. 나는 가방과 여권 문제를 해결하고 에어 프랑스 항공사로 갔다. 그들은 추가 요금 50프랑만 내면 토요일 밤 방기(Bangui, 중앙아프리카공화국 수도) 행 비행기를 탈 수 있게 진행해 주었다. 원래 내가 타기로 했던 비행기는 목요일 예정이었으니 이틀만 늦는 셈이었다. 3시간 만에 하나님은 너무도 기적같은 방법으로 모든 일을 이루셨다. 토요일 밤, 비행기에 탑승할 때 나는 마치 '부활절'을 맞이한 기분이었다. 게다가 일요일 아침에 방기에 도착했을 때, 내가 참석하려던 회의가 주말이 아니라 그 다음 주 월요일부터 한 주 동안 진행된다는 사실을 알고 내가 얼마나 기뻤을지 상상해보라. 이틀의 지체로 잃은 것은 하나도 없었다!

피그미족과 함께 예배를 드리다

아나톨이 섬기는 생기 넘치는 '예루살렘 기초(Foundation Jerusalem)교회'에서 주일 예배를 드린 후 우리는 급하게 피그미 컨퍼런스에 갈 준비를 했다. 이 집회는 여러 해 전 우리가 개척하여 이뤄낸 열매였다. 방기에서 3시간 정도 떨어진 적도 부근의 숲에서 열릴 예정이었다.

지난 몇 년 동안 '나시옹 엉 마르쉐' 팀은 그 지역의 미전도 피그미 부족들 사이에서 다른 교단이나 선교 단체들이 이미 설립해 놓은 일을 관할할 뿐 아니라 그 부족들에게 복음을 진힐 자생적, 자치적인 전도 활동을 세우기 위해 일해 왔다. 회의와 선교에 관한 일들은 전적으로 아프리카인들의 자금으로 움직이는 것이었다. 이것은 중앙아프리카공화국에서 그들 스스로 자금을 마련한 최초의 집회였다. 참가자들은 걷거나 택시를 타고 집회에 왔다. 150명 정도의 정기 참가자들을 포함하여 모두 360명이 참석했다. 피그미족 사람들과 그들을 위해 일하고자 하는 사람들이 같이 모였다. 재정을 한 푼도 들이지 않고 자연을 이용해 손으로 지은 집회장소를 보는 것은 아프리카 선교사들에게 참으로 격려가 되는 일이었다. 집회 장소는 진흙으로 만든 오두막 몇 개와 조금 큰 집회장 하나로 이루어졌다. 이것은 아마 서구식 선교집회장을 모델로 한 것 같았다.

중앙아프리카공화국 각 지역으로부터 참가자들이 도착하면서 여러 피그미 씨족들이 모닥불 주위에 모였다. 나는 '바카'라는 피그미 방언으로 한 간증들이 담긴 수동 테이프 플레이어를 틀어 놓았다. 비록 그들의 언어와 같지는 않았지만 이 방언은 서먹함을 푸는 작용을 했고, 피그미 가족들은 테이프에서 말하는 사람이 어디 사람인지 추측하며 재미있어 했다. 여느 때와 마찬가지로 무수히 많은 모기와 파리들, 그밖에 꾸물꾸물 기어다니는 것들도 일상적인 피그미 혈구와는 색다르게 신선한 '백인'의 피에 이끌려 집회에 모습을 드러냈다.

회의는 철야기도 모임으로 시작했다! 각 참가 그룹이 한 시간씩 맡았는데 매 시간 그들의 소음과 열정은 다른 그룹들을 능가

할 정도였다. 아마 잠자러 일찍 들어간 사람들은 제대로 잠을 자지 못했을 것이다.

월요일은 새벽 5시, 한 시간의 기도 모임으로 시작했다. 이런 환경에서는 밤낮이 바뀌곤 한다. 아침식사를 하고 씻는 데 2시간을 보낸 후, 8시에 첫 예배를 시작했다. 여러 다양한 모임과 워크숍들이 12시까지 진행되었고, '불레(boule, 고구마 같이 생긴 카사바로 만든 빵-옮긴이)'와 '코코(coco, 초록색 잡초)'가 맛있는 점심식사로 제공되었다. 그 후 오후 3시까지는 낮잠을 자고 다시 프로그램을 시작해 5시 반까지 진행했다. 그 다음에는 '불레'를 한 번 더 먹고 저녁 모임에는 피그미 식으로 간증을 한 후 불 주위에서 춤을 췄다.

여러 음을 가진 목소리, 고귀한 전통 의식, 부족적인 예배와 노래 등과 함께 그들은 '현대' 사람들이 오랫동안 잊고 산, 어떤 옛적인 지혜와 은혜로 박자를 맞추고 있었다. 피그미식 예배 중에 내가 보여준 크고 기괴한 몸짓에 그들은 아주 유쾌해 했다. 특히 자그마한 피그미 여인들이 불 주위로 나를 따라다닐 때 더욱 그랬다. 나는 꽁무니에 오리새끼들을 거느린 서투른 아빠 오리 같았다. 더 이상의 말이 필요 없이, 이 모든 것은 하나님께 드리는 아름다운 예배 교향곡을 이루었다. 피그미족들과 함께 보낸 시간은 참으로 이 땅에서 하늘을 맛본 경험이었고, 천국의 한 귀퉁이에 머문 듯한 느낌이었다.

9장 피그미족과 대통령들의 하나님 161

피그미족의 하나님을 만나다

이 사역의 개척 역사는 큰 감동을 준다. 이 선교 팀의 리더는 벤쟈민 레시(Benjamin Lessy)라는 멋진 사람이다. 그의 설명에 따르면 2000년 1월, 한 피그미 여인이 죽었다. 어느 유명한 주술사가 주술로 그 여인을 다시 살리겠다고 선포했지만 그것은 모두 허세였고 불가능한 일이었다. 그때 벤쟈민은 이것은 하나님이 죽은 자를 다시 일으키실 수 있다고 그들에게 도전할 기회라고 생각했다. 그는 믿음으로 그 여인을 놓고 기도하며 하나님께 그녀를 살려달라고 구했다. 하나님은 그의 기도를 들으시고 그 여인을 다시 살리셨다!

어느 피그미 남자는 이 선교 팀이 자기에게 베푼 친절 때문에 자기가 하나님께로 왔다고 증언했다. 그는 덫에 걸린 멧돼지를 죽은 줄 알고 만졌다가 그만 큰 상처를 입고 말았다. 멧돼지는 멀쩡히 살아 있었고 남자를 갑자기 공격했다. 남자는 피를 흘린 채 숲속에 쓰러졌고 구더기들이 상처에 들끓었다. 그 피그미 남자의 아내는 선교 팀을 찾아가 남편이 없어졌다고 말했고, 팀원들은 그를 찾으러 나갔다. 하나님의 은혜로 팀원들은 그를 발견했고 건강해질 때까지 그를 돌보았다. 팀원들의 도움이 없었다면 남자는 죽고 말았을 것이다.

또 다른 피그미 남자는 아들과 함께 간증을 했다. 몇 달 전에 아들이 다리가 부러졌는데, 의료 서비스를 받을 길이 전혀 없는 피그미족의 사정상 이런 경우 아이는 절름발이가 되고 만다. 하지만 선교 팀은 아이를 방기의 병원으로 보내어 아이가 회복될 수 있게 도와주었다. 덕분에 지금 그 아이는 똑바로 걸을 수 있다.

피그미족들은 아프리카의 첫 거주자들이었다. 그들에게는 무언가 아주 특별한 것이 있다. 우리는 '내 형제 중에 지극히 작은 자 하나'를 존귀하게 여기라는 마태복음 25장 40절 말씀으로부터 피그미족이 중앙아프리카 나라들에게 어떤 '구속의 기회(혹 정죄의 기회)'를 제공함을 느꼈다. 상처 입기 쉬운 그들의 약함은 축복의 기회 아니면 저주의 기회였다. (11장 '약함을 드러내는 것이 곧 기회다'를 보라.)

우리는 피그미족과 함께 예배를 드리면서, 중앙아프리카의 반투족이 피그미족을 학대한 사실을 듣고 이 일을 바로잡아야 할 필요가 있음을 알게 되었다. 여러 반투 씨족들을 대표하는 많은 사람들이 피그미족 앞에서 조상들의 죄를 고백하고 눈물을 흘리며 무릎을 꿇었다. 이 기도로 하늘의 문이 열리는 것 같았다.

피그미 예배는 새로운 차원으로 들어갔고, 이 '특별한' 종족의 노래들은 그 땅에 축복과 치유를 새로 붓는 것 같았다. 나는 하나님이 어떻게 '피그미족의 하나님'인지 쉽게 느낄 수 있었다. 하지만 문명에서 멀리 떨어진 이 숲속 어디에서 '대통령'을 찾을 수 있겠는가?

연이은 예배의 시간에 하나님의 임재하심이 있었다. 하나님은 그 나라를 더 큰 치유 속으로 이끌어가기 원하셨다. 하나님의 강력한 임재가 있는 모임 끝에 낯선 한 젊은이가 일어섰다. 그는 "제 이름은 장 세르게 보카사(Jean-Serge Bokassa)이며 중앙아프리카공화국 전 황제의 아들입니다"라고 자신을 소개했다.

장 베델 보카사(Bidel Bokassa)는 가장 악명 높은 대통령 중 하나였고, 스스로 중앙아프리카공화국의 황제라고 선포했다. 그는 프랑스의 지스카르 데스탱(Giscard D' Estaing) 대통령에게 다이아몬드를 선물로 줘서 그를 타락시킨 사건으로 국제적으로 유명해졌다. 또한 식인 행위와 관련된 소문을 포함해 비상식적인 폭력으로 악명이 높았다. 장 세르게는 하나님이 그에게 주신 꿈을 설명했다. 사람들이 그의 아버지에게 왕관을 씌우고 싶어 하는 것을 보았다. 그러나 그 왕관은 빛나기는 해도 가짜 금이었다.

그의 아버지의 통치는 난폭하고 억압적이었으며 나라를 망쳐놓았다. 장 세르게는 이것이 자기에게 얼마나 힘든 일이었는지 이야기했다. 그러나 쉽지 않은 인생을 살았던 아버지를 기억하며 그를 존중하고 싶어 했다. 아버지는 자신의 아버지가 식민지의 살인 청부업자의 손에 채찍으로 맞아 살인 당하고, 어머니는 목을 매달아 자살한 것을 목격했다고 한다. 그후 고아로 살며 그 슬픔의 쓰라린 씨앗들이 상처가 되어 그가 폭군으로 성장하는 데 영향을 미쳤던 것이다.

세르게는 아버지와 가족이 저지른 모든 잘못과 악한 행위에 대해 용서를 구하고 싶어 했다. 뭔가 감동적이면서도 긴장된 분위기가 한동안 흘렀다. 잠시 후 하나님의 인도로 각 부족의 대표들이 한 명씩 일어나 그들을 용서하고, 장 세르게를 안아주며 서로를 위해 기도했다.

　한 남자는 자신이 현 대통령의 사촌으로 전통적으로 보카사 씨족과 대립했던 파타세 씨족을 대표한다고 설명했다. 두 사람은 서로 껴안고 울며 과거의 상처들을 용서했다. 또 한 사람이 힘겹게 앞으로 나왔다. 마침내 그는 가까스로 장 세르게 앞에 서서 "당신의 아버지가 내 아버지를 죽였습니다"라고 말하며 눈물을 터뜨렸다. 어떤 초자연적인 힘이 그에게 용서할 힘을 주었다. 그가 장 세르게를 껴안자 성령이 두 사람 위에 임했고 그들은 바닥에 쓰러졌다. 오두막 안은 감동의 눈물바다가 되었다. 아주 의미 심장한 순간이었다. 캐머룬에서 온 형제 한 명이 하나님의 마음을 받아, 화해의 기도를 통해 이루신 하나님의 치유의 표징으로 바로 그 땅에 기름을 뿌렸다.

　이 일이 진행되는 동안 우레 같은 천둥이 하늘을 찢고 비가 쏟아졌다. 감동적이고 장엄한 순간이었다. 대기중에 충만히 퍼진 경외심과 기쁨은 이땅의 말로 다 표현할 수 없었다. 비가 땅을 씻어내려가면서 나는 하나님이 주셨던 예언의 말씀을 기억했다. "나는 피그미족과 그들의 대통령들의 하나님이다."

은혜와 치유의 도미노 반응

이 말씀은 지난 수년에 거쳐 그 나라에 많은 변화를 가져온 촉매 작용을 했다. 아나톨 방가(Anatole Banga)와 같은 사람들, 그리고 '나시옹 엉 마르쉐'와 같이 자생적인 선교 단체들을 통해 그 나라의 핵심적인 구조가 영적 승리를 경험하며 이루어졌다. 아나톨과 '나시옹 엉 마르쉐'는 작은 '폴리 테크닉' 기술 훈련학교를 세울 수 있었다. 학생들은 중앙아프리카의 피그미족과 이슬람인들 사이에서 개척 사역을 시작했으며, 사역이 성장하면서 지금은 차드와 다른 나라로 계속해서 나아가고 있다. 많은 사람들이 하나님께로 돌아왔고, 기본적인 건강 진료소들의 설립을 통해 많은 사람들이 목숨을 건졌으며, 아이들은 글을 배우고 있다. 이 전인적인 아프리카 복음이 더 멀리 퍼지게 하려는 비전은 여전히 강하게 불타오르고 있다.

이 모든 일의 도전을 이해하기 위해서는 중앙아프리카공화국이 세계에서 가장 가난한 나라 중 하나이며 불어권 아프리카에서 가장 높은 에이즈 발생률을 보이고 있다는 점을 고려할 필요가 있다. 이 나라는 지난 20년간 적어도 네 번의 쿠데타를 비롯한 심한 정치 폭력을 겪었고, 서로 다른 종족들 사이에 많은 싸움이 있었다. 예언의 기도와 하나님의 사람들의 희생이 이 나라가 파멸과 내란과 무질서로 빠지지 않게 지켜왔다.

지난 여러 해 동안 우리는 여러 대통령들과 함께 기도해왔다. 첫 번째로는 우리가 그 나라에 도착하자마자 데이빗 닥코(David Dacko) 전 대통령은 우리에게 그 나라의 역사에 관한 정보를 공급하며 영감을 주었다. 나는 또한 쿠데타 후에 일정 기간 동안 대통령직을 수행했던 앙드레 콜링바(Andre Kolingba) 장군과 함께 기도해 달라는 부탁을 받았다. 그리고 우리 팀 일원으로서 이 나라를 위한 확실한 중보 사역을 하는 매기 발타부루(Maguy Barthaburu)는 최근에 쫓겨난 대통령인 앙게-펠릭스 파타세(Ange-Felix Patasse) 및 그를 대치한 보지제(Bozize) 장군과 기도할 수 있었다. 매기는 또한 아벨 고움바(Abel Goumba) 부통령에게 결정적인 예언적 방향을 주는 데 유력한 역할을 했다.

장 세르게는 최근(2003년 9월) 중앙아프리카공화국에서 열린 평화 및 국가의 화해를 위한 회의에 참석했다. 세계 곳곳에서 아프리카 지도자들이 참여한 이 모임은 텔레비전으로 중계 방송되었다. 모임의 진행 중 특별히 긴장되는 순간에 세르게는 정부 국회에서 일어나 숲속에서 피그미족과 화해한 자신의 경험에 대해 이야기했다. 사람들은 깊은 감동을 받았고 결국 서로 원수였던 두 전 대통령들이 화해하기까지 이르렀다. 그의 간증이 끝나자 의회 전체가 일어나 "기도를 원합니다! 기도를 원합니다!"라고 반복히어 외쳐대기 시작했다.

예언적인 '레마'의 말씀은 '도미노 반응', 곧 연쇄 반응을 일으켜 시간을 따라 잔물결이 일며 은혜와 치유를 가져올 수 있다. 하나님은 정말로 '피그미족과 그들의 대통령들의 하나님' 이시다!

이 나라에서 일어난 최근의 사건들은 결국 또 하나의 쿠데타를 낳았고 이슬람 극단주의 반역자들이 밀려 들어와 이 크리스천 국가에 이슬람교를 강요하려 하고 있다. 교회는 시련을 통해 정련되고 있다. 나는 이 어려운 시기가 이 나라의 성숙과 축복의 새 계절로 들어가게 하는 해산의 고통이 될 가능성이 높다고 본다. 눈물로 씨를 뿌리는 자들이 기쁨으로 단을 거두게 되기를!

나는 여전히 장 세르게와 연락을 하고 있으며 그가 성경의 에스더처럼 혹 이때를 위해 준비된 사람이 아닌지 생각하며 정기적으로 그를 위해 기도하고 있다. 그리고 그의 꿈이 죽지 않고 실현되기를 기도하고 있다.

Chapter 10

꿈을 되찾기
– 한 나라의 부활 –

"나에게 한 꿈이 있습니다…"라고 시작하는 마틴 루터 킹의 연설도 올해로 50년이 되었다. 이 연설은 미국 전역에 시민 권리 운동에 불을 붙였다. 그 운동은 나라 전체의 운명을 바꾸어 놓았다.

하나님은 담대하게 꿈을 꿀 사람들을 찾으신다. 하나님이 이 세상 열방들을 위해 주시는 비전을 용감하게 소유할 개척자들 말이다. 이번 장을 쓴 목적은 세상의 구속이라는 하나님의 꿈에 마음을 열도록 격려하고, 또 자신들의 삶을 기도에 내어놓은 모든 숨겨진 중보자들에게 경의를 표하려 함이다. 중보자들은 자신의 나라가 죽음과 설망과 가난으로부터 일어나서 영광스런 선교의 유산으로 옮겨가 다른 모든 나라들에 빛이 되기를 기도하고 소망하고 꿈꾸는 크리스천들이다. 이번 장은 지난 세월 내 자신의 영적 여정으로부터 한 가닥 한 가닥 끌어낸, 부활한 꿈의 개인적인 역사이다.

나는 특히 하나님이 우리를 인도하여 들이신 '샤토 블랑(흰 성)'을 실제로 찾은 것, 웨일즈 부흥의 예정된 미래, 그리고 세계 전역에서 일어나는 선교 군대들 사이의 유사점을 찾아 비교해 보고 싶다. 이 모든 비교는 성경의 요셉 이야기를 배경으로 한다. 모든 것이 명확해지리라 믿는다. 운명들이 역사의 무대에서 만나는 느낌을 만들어 내기 위해 연극의 공연 형태를 선택했다. 각개이지만 서로 연관된 역사의 네 대목마다 커튼이 올라갈 것이다. 첫 두 대목은 '웨일즈 아버지들'의 이야기를 포함하며, 셋째는 '샤토 블랑' 선교센터의 이야기이고, 넷째는 요셉의 이야기이다. 각 대목마다 세 막이 있다. 제1막은 '꿈', 제2막은 '꿈의 죽음', 제3막은 '꿈을 되찾기'이다.

제1막 꿈꾸는 사람들

웨일즈 고아 소년의 꿈

막이 오르고, 고아가 된 한 웨일즈 소년이 바르나도(Barnado) 박사의 집 놀이터에 있다. 그는 자신의 슬픈 마음, 그리고 거절감과 싸우고 있다. 그는 전에 비록 가난했지만 언제나 '바르나도' 남자아이들이 자신보다 못하다고 여기며 내려다볼 수 있었다. 이제 자신이 그렇게 경멸했던 바로 그 열등한 자리에 자신이 있음을 발견하니 얼마나 큰 충격일지! 감정의 내란 속에 갇힌 마음으로부터 기도가 솟아오른다. 그것은 웨일즈 교회당 일원의 예의 바른 기도도 아니고, 거듭난 크리스천의 열정적인 호소도 아니며, 단지 한 소년이 자신이 필요한 때에 어딘가 분명히 계시다고 믿는 하나님께 울부짖는 외침이다.

기도는 모든 사람이 가지고 태어나는 선물이다. 그는 열두 살 소년 치고는 조금 색다르게 영감 받은 기도를 올려드린다. "오, 하나님, 너무나 외로워요. 제가 자라면 제게 가족을 꼭 주세요. 쌍둥이 남자아이들을 갖고 싶어요."

장면이 바뀌어, 많은 해가 지나 그 소년은 어른이 되어 있다. 거절의 상처는 그가 런던 지역의 한 아가씨와 사랑하게 되고 그녀와 결혼하면서 그 사랑의 향유로 치유되었다. 그들은 이제 런던에 산다. 결혼식 날 밤, 그 남자는 여러 해 전의 자기 꿈과 기도를 이야기한다. "우리는 쌍둥이를 가지게 될 것 같아요."

신혼 여행이 지난 몇 달 후, 신부는 임신했음을 알게 된다. 의사는 심장 뛰는 소리가 하나만 들리므로 쌍둥이일 리 없다고 말하지만, 그 남자는 뱃속의 아이가 쌍둥이라는 내면의 확신을 가지고 있다. 6개월 정도 되었을 때 의사들은 하나의 심장 박동이 사실은 두 개의 심장이 일치하여 뛰었다는 사실을 깨닫고 뱃속의 아이가 쌍둥이임을 확인해준다. 그 남자가 기뻐하고 기대감에 부풀어 자기 꿈의 완성을 행복하게 기다리는 모습 위로 커튼이 내려온다.

웨일즈 부흥의 불길이 일어나다

다시 커튼이 열리고 또 다른 웨일즈 남자가 무대에 있다. 이번에는 무릎을 꿇고 기도하며 웨일즈에 부흥이 오게 해달라고 하나님께 마음을 쏟아 구한다. 그는 에반 로버츠다. 갑자기 그는 환상을 보며 이렇게 묘사한다. "나는 웨일즈 전체가 부흥의 불길 속에 들려올라가는 것을 보았고 하나님께 십만 영혼을 달라고 구할 믿음이 생겼다."

이 꿈, 혹 환상은 불타는 기도가 된다. 그가 주관하는 모임에서 하나님의 임재가 점점 더 짙게 임하고, 어느 예배 중 한 어린 소녀가 "주 예수님, 사랑해요"라고 기도하자 하늘이 땅으로 내려온다. 부흥의 소리가 교회들을 채우고, 수많은 사람들이(6개월 만에 십만이 넘는 수가) 놀랍게 구원을 받는다. 술집이 문을 닫고 감옥은 텅 비며 나라 전체가 변화된다.

부흥에서 놀랍게 구원 받은 많은 젊은이들이 세상의 미전도 나라들 사이에서 하나님을 섬기라는 선교의 부르심에 마음이 동요된다. 부흥의 소식은 빠르게 퍼지고, 북프랑스의 광부들이 이 부흥의 맛을 보기 시작한다. 한편 캘리포니아의 아주사 거리 흑인들이 부흥의 빗속에 완전히 잠기면서 그들의 부흥이 폭발하며 오순절 운동을 탄생시킨다.

장면은 바뀌어 1910년, '선교의 결정적인 시기'라는 세계 선교 대회가 막 진행되는 에딘버그로 간다. 세계 모든 선교 단체가 모여 있다. 미국 개혁파 교회를 대표하러 참석하기 원했던 테오도르 루즈벨트(Theodore Roosevelt)까지 포함되어 있을지도 모르는 수많은 참석자들이 흥분과 기대감에 떠들썩하다. 그들은 영국과 미국에서, 그리고 많은 학생들이 부흥의 능력으로 영향 받고 있는 독일에서 하나님이 하고 계시는 놀라운 부흥의 역사에 감격하고 있다. 사람들이 세계를 복음화하는 꿈을 꾸며 그 임무를 스스로 맡으면서 많은 감동적인 연설을 한다. 데니(Denney) 박사는 선교 노력의 대가에 대해 젊은이들을 도전하면서 가리발디(Garibaldi)의 말을 상기시킨다. "나는 월급이나 식량이나 돈을 제시하지 않습니다. 배고픔, 목마름, 강제 행진, 전쟁, 그리고 죽음을 제시합니다."

젊은 선교 지원자들이 순결한 마음으로 기뻐하며 자신의 모든 것을 드리고자 결심하고 섬기겠다고 앞으로 밀고 나오고, 데니의 비극적이고 통렬한 마지막 예언 위로 커튼이 내린다. "물뿐만 아니라 피로 오신 구주를 위해서는 피가 없는 어떠한 합당한 믿음도, 합당한 반응도 있을 수 없습니다." 당시 지옥의 악마 편대들이 제1차 세계대전에서 피로 물든 조류를 흘려보내고자 일하면서 유럽의 정치 회의실에서 끔찍한 '피의 제사'가 준비되고 있다는 사실을 아무도 예측하지 못했다.

선교센터 샤토 블랑을 꿈꾸다

셋째 대목 위로 다시 커튼이 열린다. 북프랑스 루베의 어느 프랑스 침례교 목사의 부인인 로즈메리 럴메놀트(Rosemary Lhermenault)라는 독일 여인이 자신이 꾸었던 꿈을 남편에게 설명하고 있다. 이 부인은 꿈이나 환상에 빠지지 않는 현실적인 사람이기에 하나님이 주신 이 꿈에 더욱 더 도전을 받은 상태이다. 그녀는 아주 독특하게 지붕 벽에서부터 계단이 내려와 있는 흰 성(샤토 블랑)을 보았다고 설명한다. 그 다음엔 내부에 큰 나무 굴뚝을 보았고 사람들이 공부하고 있었던 것처럼 책상과 의자들이 있었다. 그리고 하나님이 사람들을 훈련시키려는 목적으로 이 장소를 택했다고 하시는 말씀을 들은 것 같았다.

남편 다니엘도 하나님께 꿈을 받았는데, 초가 세 개가 있는 촛대를 보았고, 그것은 프랑스, 독일, 영국 세 나라가 서로 화해하여 유럽을 축복하는 것을 의미한다고 믿었다. 얼마 지나지 않아 그들은 로즈메리가 꿈에서 본 건물과 흡사한 어떤 곳으로 인도를 받았다.

그리고 놀랍고 기쁘게도 전화벨이 울리더니 에센에 있는 또 다른 침례교회의 어떤 독일 여인이 하나님이 자기에게 흰 성에 관한 꿈을 주셨는데 그 성을 그들이 훈련 센터용으로 사야 할 것 같다고 설명한다. 며칠 후 목사 부부는 이 독일 여인을 초청하여 자기들의 환상은 말해주지 않은 채 하나님이 보여주셨다고 믿는 건물이 아닌 다른 건물들을 보여준다. 그리고 마지막으로 그 여인을 그들의 '택한' 건물로 데려간다. 독일 여인은 "그 주위에 물이 있어야 하고 붉은 자갈도 있어야 해요"라고 말한다. 건물 앞 차도를 걸어 내려가면서 그녀는 성 주위에 물이 가득 찬 해자가 있음을 본다. 그리고 몸을 굽혀 땅에 있는 붉은 자갈을 한 움큼 집어 든다. "이곳은 하나님을 위한 곳입니다!"라고 기쁘게 외치는 사람들 위로 커튼이 내려온다.

어린 요셉이 꾸었던 큰 꿈

넷째 대목에서는 커튼이 열리며 성경이 요셉 이야기로 우리를 데려간다(창 37-50장). 우리는 장래가 유망하고 아버지께 사랑 받는 열일곱 살 청년 요셉을 본다. 역사 전체의 다른 많은 보통 젊은이들이 그랬듯이 요셉에게도 꿈이 있다. 그는 많은 색으로 아름답게 장식한 옷을 입고 있다. 이 옷은 그가 아버지에게 얼마나 사랑을 받고 있는지 보여주며, 하늘 아버지가 그 외아들 그리스도 위에 기름 부으신 것처럼 기꺼이 원하는 그 아들들에게 쏟아 붓기 원하시는 기름 부음을 상징한다.

재미있게도, 유대인들은 그 당시 알렉산드리아(이집트)에 살던, 헬라어를 말하는 모든 유대인들을 위해 구약을 헬라어로 번역하면서 베드로전서 4장 10절의 '하나님의 여러 가지 은혜', 야고보서 1장 2절 및 베드로전서 1장 6절의 '여러 가지 시험', 그리고 에베소서 3장 10절의 '이는 이제 교회로 말미암아 … 하나님의 각종 지혜를 알게 하려 하심이니'에 사용된 동일한 단어를 '채색옷(포이킬로스, 또는 폴루포이킬로스)'을 번역하는 데 사용했다. 이것은 하나님의 비전과 기름 부으심이 그의 여러 색깔의 은혜와 여러 다양한 지혜로부터 탄생하며, 여러 측면의 시련과 유혹을 통해 단련된다는 점을 보여준다. 은혜, 지혜, 그리고 시련은 꿈을 진척시키는 요소들이다.

요셉은 하나님 나라에 대해 꿈꾸고 있다. 예언적인 기름 부으심으로 그는 곡식 단들이 절하는 것을 본다. 그리고 또 다른 꿈에서는 '해와 달과 열한 별이 그에게 절하는' 것을 본다(창 37:9). 비록 결국에는 모두가 요셉에게 절하게 되지만 그의 꿈을 이해하는 진짜 열쇠는 요셉을 온 세상이 그 앞에 절할 그리스도의 한 '전형'으로 보는 것이다. "하나님이 그를 지극히 높여 모든 이름 위에 뛰어난 이름을 주사 하늘에 있는 자들과 땅에 있는 자들과 땅 아래에 있는 자들로 모든 무릎을 예수의 이름에 꿇게 하시고 모든 입으로 예수 그리스도를 주라 시인하여 하나님 아버지께 영광을 돌리게 하셨느니라"(빌 2:9-11).

안 믿는 세상이 그리스도께 순복하기를 거부하는 것처럼 의심하는 형들도 "네가 … 참으로 우리를 다스리게 되겠느냐"(창 37:8)고 묻는다. 그 답은 "그렇다"이다. 다니엘 선지자가 하나님 나라를 설명하기 위한 자신의 꿈에서 본 작은 돌은 태산을 이루어 이 땅을 가득 채운다. "하늘의 하나님이 한 나라를 세우시리니 이것은 영원히 망하지도 아니할 것이요"(단 2:44).

아버지 하나님은 그의 아들딸들이 그의 나라의 통치에 대한, 믿음으로 가득 찬 꿈들을 가질 때 기뻐하신다. 문제는 우리가 통치의 영광을 우리 자신을 위해 획득하려 할 때 온다. 하나님은 우리를 통해, 그리고 우리 안에서 일하실 수 있지만 우리는 단지 그의 궁극적인 영광과 통치를 위한 경로일 뿐이다. 세례 요한이 말한 것처럼, "그는 흥하여야 하겠고 나는 쇠하여야 하리라"(요 3:30).

요셉은 지나치게 무대의 중심에 있다. 많은 사람들과 마찬가지로 그는 나라의 권능을 자신에게 집중시켜 나라에 대한 자기 꿈을 경솔하게 나누지만 그 책임을 감당할 만큼 아직 성숙하지 못했다. 요셉 형들의 시기심 어린 중얼거림을 배경으로 한 요셉의 공상적인 열성 위로 막이 내린다.

제2막 꿈의 죽음

요셉의 꿈, 감옥 바닥에 눕다

제2막이 열리고 요셉의 이야기가 계속된다. 이 세상에는 꿈을 증오하고 꿈의 파괴를 갈망하는 아주 비열하고 악한 무언가가 있다. "그의 형들이 … 그의 꿈과 그의 말로 말미암아 그를 더욱 미워하더니 … 꿈꾸는 자가 오는도다 자, 그를 죽여 한 구덩이에 던지고 우리가 말하기를 악한 짐승이 그를 잡아먹었다 하자 그의 꿈이 어떻게 되는지를 우리가 볼 것이니라"(창 37:8,20). 사탄은 각 나라들의 꿈과 미래를 얼마나 파괴하고 싶어하는지 모른다. 요셉의 형들을 통해서도 사탄이 말하는 것을 느낄 수 있다. 커튼이 역사의 다른 비극적 사건들 위로 오르면서, 어떻게 이 말이 세대를 거쳐 하나님의 움직임을 저주하고 파괴하기 위해 수없이 전해졌는지 살펴보겠다.

형들은 요셉의 옷을 벗기고 물 없는 구덩이에 그를 던져 넣는다. 요셉이 축복하기 간절히 원했던 바로 그 형제들이 그의 꿈을 거부한 것이다. 세상에 거절당하는 것도 충분히 아프지만, 가장 아픈 것은 우리 형제들에게 입은 상처이다. 슬프게도 여러 모임이나 교회의 우리 형제들은 종종 비전에 위협을 느낀다. 격려 대신 거절을 경험한다. 사도들의 세대로부터 존 번연에 이르기까지 너무 많은 초기 개척자들이 당대의 기성 교회들에게 거절당했다.

기름 부으심의 상징인 요셉의 옷은 피에 젖는다. "그들이 요셉의 옷을 가져다가 숫염소를 죽여 그 옷을 피에 적시고"(창 37:31). 진정한 비전과 기름 부으심은 그 참됨의 증거로 언제나 피에 적셔진다. 나무 십자가 위에서 아버지의 지혜와 은혜가 벌거벗겨지고 마지막 한 방울까지 피 흘리시면서 예수님은 그 길을 솔선해 가셨다. "아버지 아들의 옷인가 보소서 하매 아버지가 그것을 알아보고 이르되 내 아들의 옷이라"(창 37:32-33). 예수님의 옷도 피에 젖어 있다. "그가 피 뿌린 옷을 입었는데 그 이름은 하나님의 말씀이라 칭하더라"(계 19:13).

예수님의 성품과 권위의 진정함을 우리의 꿈 안으로 가지고 들어오려면 우리의 옷도 선홍빛으로 물들어야 한다. 씨가 열매를 맺으려면 먼저 땅에 묻혀야 한다. 하늘 아버지는 우리 마음속에 지닌 꿈과 비전들을 주의 깊게 살펴보신다. 그는 희생의 색깔을 알아보시고 참된 아들들의 섬김을 승인하신다.

우리는 요셉을 따라 그의 비전이 시험 받는 과정을 본다. 그는 애굽 주인의 집에서 섬기고 성공함을 배워야 한다. 세상에서 우리의 임무와 책임들은 우리의 꿈을 이루는 과정에서 꼭 필요한 시험이다. "나와 동침하자"라고 육욕에 빠진 보디발의 아내가 외친다. 너무 많은 것들이 우리를 유혹해서 하나님의 목적을 성취하지 못하게 하려고 외쳐댄다. 지금 세상은 하나님의 종들을 부도덕의 얼룩으로 더럽히기 염원한다. R. T. 켄달(Kendall)은 요셉에 관한 그의 훌륭한 저서「하나님은 잘 되게 하려 하셨다(God Meant It For Good)」에서 다음과 같이 말한다.

"하나님이 당신에게 시킬 일이 있고 당신을 사용하기 원하실 때, 어느 단계에선가 그런 유혹에 직면한다 해도 놀라지 말라. 그것은 하나님이 당신에게 시키려고 마음에 두신 일들을 맡기실 수 있는지 보기 위함이다."

성적인 죄에 굴복하는 것은 하나님을 향한 우리의 사랑이 부족함을 드러낸다. 그것은 완전히 만족시키고 완전히 치유하시는 예수님의 사랑이 닿지 않은, 여전히 상처 입고 거절당한 채 있는 우리 내면의 증상들이다. 이 부분에서의 실패로 자신을 정죄해서는 안 된다. 오히려 해결되지 않은 우리 마음의 상처와 거절들을 예수님께 드리도록 우리를 격려해야 한다. 대부분의 사람들이 '날이면 날마다' 진짜로 이 영역에서 유혹을 받는다. 강력한 이세벨의 영이 가톨릭 유럽 및 다른 지역에서 교회를 부도덕과 속임으로 이끌려고 일하고 있다. 빌 서브리츠키(Bill Subritsky)가 「패배한 악마(Demons Defeated)」에서 말하듯이 "오늘날 세상에서 점점 더 모습을 드러내고 있는 이 엄청난 매춘의 영은 강력한 공중의 왕자이다."

우리는 모두 보디발의 아내와 그녀가 상징하는 모든 것들에 저항하는 법을 배워야 한다. R. T. 켄달은 요셉이 이 유혹에 성공적으로 저항한 비결을 간결한 말로 이렇게 우리에게 가르친다.

"요셉은 그 여자의 청을 거절하면서 거절의 마지막 이유로 '내가 어찌 이 큰 악을 행하여 하나님께 죄를 지으리이까'(창 39:9)라고 말했다."

아주 엄청난 유혹을 받는 경우라고 전제했을 때, 결국에 가서 당신을 성적 죄에 빠지지 않게 지켜줄 것은 오직 하나님에 대한 당신의 사랑뿐이다. 왜냐하면 당신이 잃을 것이 아무 것도 없고, 다른 사람들이 보고 있지도 않는 상황에서 이런 유혹을 막을 수 있는 것은 당신과 하나님과의 친밀감이다. 많은 사람들이 어느 정도의 도덕적 수준을 유지할 수 있는 이유는, 잃을 것이 너무 많거나 남의 눈에 띨까 두렵거나, 아니면 보디발의 아내 같은 사람을 만나지 못했기 때문이다.

어느 때건 당신이 그렇게 할 수 있고 아무도 발견하지 못할 것 같은 상황이 온다면(분명 그런 상황이 있었거나 앞으로 있을 것이다), 당신을 순결하게 지켜줄 유일한 힘은 하나님을 향한 당신의 사랑이라는 사실을 기억하라. 아무도 유혹에서 제외되지 않으며, 하나님을 향한 사랑이 유혹의 강도보다 더 크지 않다면 당신은 굴복하고 말 것이다. 당신이 정말로 어떤 사람인지는 바로 그때 밝혀진다.

그 다음에 요셉은 거짓 고소를 당하고 체포된다. 커튼이 내려가며 그는 '왕의 죄수를 가두는'(창 39:20) 감옥 바닥에 외롭게, 잊어버려진 채 누워 있다. 그렇게 큰 꿈이 이제는 좁은 감옥 방안에 감금되었다. 여러 세대에 걸쳐 비전을 가진 많은 이들이 왕의 죄수가 되어 명성도 없이 아무도 알아주지 않는 좁은 길을 걸어야 했다.

웨일즈 부흥의 씨가 프랑스 땅에 묻히다

커튼이 다시 오르며 폭탄과 총소리, 사람들의 비명 소리가 들린다. 두꺼운 검은 진흙이 피와 섞여 땅을 뒤덮은 이곳은 제1차 세계대전, 북프랑스의 대학살장이다. 단 몇 달 전만 해도 찬양 속에 주 예수를 높이 올리던 웨일즈 청년들이 지금은 '왕과 조국'의 이름으로 적들을 쏘려고 총 통을 내려다보고 있다. 유럽의 저명한 중보자 릭 라이딩즈(Rick Ridings)는 1993년 1월판 〈유럽기도 회보(The European Prayer Bulletin)〉에서 이렇게 쓴다.

"많은 기독교 및 비기독교 역사가들은 1900년경에 유럽이 부흥할 준비가 되어 있었다고 생각한다. 많은 기독 학생 운동들이 폭발적으로 성장하고 세계 선교와 유럽의 재복음화에 대한 비전을 받고 있었다. 바로 그때 발칸 반도의 지역적인 긴장에 불이 붙어 1차 세계대전이 터졌다. 선교의 부르심을 받은 나라들 중 두 나라인 독일과 대영제국은 결국 자기 나라 젊은이들을 전쟁터로 보내버리고 말았다."

웨일즈 부흥의 씨는 이렇게 해서 프랑스 땅에 묻혀버렸다. 웨일즈의 크리스천 젊은이들은 결국 민족주의라 불리는 부흥의 미쳐버린 왜곡 속에서 독일 크리스천 젊은이들을 죽이게 되었다. 형제가 형제를 대항하여 싸웠다. 윌프레드 오웬(Wilfred Owen)은 그의 시 '이상한 만남(Strange Meeting)'에서 이 터무니없는 불가사의를 포착한다.

> 그들은 암호랑이처럼 재빠를 것이다. 아무도 횡렬을 깨뜨리지 않을 것이다. 비록 나라들은 진보에서 느릿느릿 이탈해 갈지언정. 용기가 있는 내겐 비밀이 있었고 지혜가 있는 내겐 지배력이 있었다. 벽도 치지 않은 무익한 성채로 들어가는 이 후퇴하는 세상의 행진을 놓칠… 그러고 나서 많은 피가 들러붙어 그들의 수레바퀴가 돌아가지 않았을 때 나는 올라가 달콤한 우물로부터 바퀴들을 씻곤 했다. 오염되기엔 너무 깊이 있던 진리를 갖고서도. 나는 아낌없이 내 영을 쏟아 부었겠지만 상처를 통해서는 아니다. 전쟁의 대가를 통해서도 아니다. 아무 상처도 없는 사람들의 이마에서 피가 흘렀다. 친구여, 나는 당신이 죽인 적이다. 이 어둠 속에서 나는 당신을 알았다, 어제 당신이 나를 찌르고 죽이면서 나를 통해 얼굴을 찡그렸기에 나는 슬쩍 피했다. 그러나 내 손은 싫어했고 차가웠다. 이제 우리 잠들자…

에딘버그 선교 대회의 꿈은 죽는다. 우리는 거의 "그의 꿈이 어떻게 되는지 우리가 볼 것이니라"고 조롱하는 아비돈(파멸, 계 9:11)의 말을 들을 수 있다.

좀 더 최근 역사에서는 다른 아프리카 젊은이들이 동아프리카 부흥에서 태어난 꿈들을 가지고 있었다. 르완다, 부룬디, 자이레, 중앙아프리카공화국, 이전 벨기에 및 불어권 콩고의 다른 지역들이 교회의 대규모 성장을 경험해왔다. 최근 역사와 텔레비전 보도는 또한 어떻게 해서 이 부흥의 씨조차도 후투족, 투치족 및 다른 족속들 사이의 증오로 인한, 마셰티 칼을 휘두르는 대학살 가운데 뿌려졌는지 보여주었다. 사탄이 일으킨 동일한 부흥의 왜곡 속에 후투 크리스천들이 투치 크리스천들을 죽인 것은 슬픈 사실이다. 아프리카의 핵심 지도자인 M. 아나톨 방가가 쓴 다음의 편지는(불어로부터 번역됨) 오늘 직면한 도전의 현실을 강조한다.

인간적으로 말하자면 양쪽이 자기 자리를 방어하려고 애쓰고 있는 상황은 절망적입니다. 이 상황은 오래 지속될수록 더 악화되어 사람들을 독살합니다. 많은 시민들과 무고한 사람들이 목숨을 잃고 있습니다. 전 지역에서 사람들이 단지 그들이 어떤 인종, 어떤 민족, 어떤 부족이라는 이유로 체포되고 사형당하고 있습니다. 여자들과 아이들이 산 채로 불에 태워지고, 집은 약탈당하거나 불에 타며, 인간의 목숨은 더 이상 아무 가치가 없습니다. 방기(Bangui) 근처의 지역들은 비어가고 있으며 여행하기 위험합니다. 마치 모가디슈(Mogadishu, 소말리아의 수도)와도 같습니다.

하나님이 우리를 위해 준비해놓으신 것 때문에 사탄이 사납게 이 나라를 파괴하려 하고 있고 우리는 영으로 기도하고 있습니다. 하나님은 승리하실 것이고 사탄의 계략은 무너질 것입니다. 모세가 이스라엘의 구원을 선포했을 때 그들의 상황은 더 악화되었지만 결국 구원을 얻었습니다. … 우리 이웃은 전쟁의 중심에 있으니, 하나님이 우리를 보호하시고 승리의 영 가운데 계속 두시도록 기도해 주십시오.

- 1996년 6월 12일, 중앙아프리카공화국 방기에서

이런 일들이 어떻게 가능할 수 있을까?

마태복음 24장에서 제자들은 예수님께 그의 임하심과 세상 끝의 징조가 어떠할지 물었다. 예수님은 미혹, 전쟁, 핍박, 악함, 변절 등 종말에 나타날 많은 조짐을 주신다. 그러나 표징은 무엇인가? 역사의 만남과 요약을 위한 신호를 주는 한 지점 말이다.

나는 이 표징의 열쇠가 7절과 14절에 나와 있다고 생각한다. 이것은 '민족들'이라 불리는, 두 가지 측면을 가진 표징이다. '민족들'은 우리의 종말을 가리키는 푯말이다. 모든 민족은 그들의 종교적, 비종교적 신봉과는 상관없이 자신들의 운명을 7절과 14절 사이에서 찾아야 한다. 14절의 "이 천국 복음이 모든 민족에게 증언되기 위하여 온 세상에 전파되리니"라는 말씀은 그리스도가 가서 모든 민족을 제자로 삼으라고 자기 제자들에게 주신 명령을 되풀이한다. 이것은 민족의 복음화라는 그리스도의 선교의 꿈이다.

그러나 적그리스도는 이 명령을 변질시켰다. 그 자는 민족들을 상호파괴의 사명을 위해 보내고 싶어 한다. "민족이 민족을 대적하여 일어나겠고…" 그의 목표는 민족 정화작업이다. 그리스도의 명령은 우리 자신을 다른 이들을 위해 이타적으로 내어줄 것을 선포하지만, 마귀는 다른 이들을 희생하여 나의 이기심과 자기 방어를 조장한다. 모든 인류는 마지막 때의 이 각본들 사이에서 선택을 해야 한다.

'천국의 아들들'은 세상 밭에 '악한 자의 아들들'과 함께 씨 뿌려진다. 그리고 "둘 다 추수 때까지 함께 자란다"(마 13:24-30, 36-43). 세상의 몇몇 부분에서는 민족 정화작업이 민족의 복음화와 어깨를 나란히 한다. 세계 복음화로 확장해 들어가지 않는 부흥은 적들이 그리스도의 명령을 파괴의 명령으로 변질시키기 때문에 민족주의의 손쉬운 먹이가 된다. 역사는 이 슬픈 교훈을 이미 우리에게 가르쳐 주었다. 올바른 목표가 없는 종교적 열심은 아주 위험할 수 있다.

부흥의 소리가 새롭게 울리고 있다. 비록 세계 어떤 곳에서는 이 소리가 어렴풋하게 울리지만, 이 부흥의 소리가 이 땅에 여태 존재했던 것 중 가장 강력한 세계 복음화의 물결로 우리를 밀어 넣도록 이전 어느 때보다 더 열심히 일하고 기도하자. 나라들마다 자기들의 선교 과업을 수행하기를! 역사의 전쟁터에서 피로 물들어 연기가 올라가는 참호들 위로 커튼이 내려올 때 우리는 결심한다. 이번에는 절대 실수하지 않으리라.

선교센터의 꿈은 착각이었는가?

커튼이 다시 오르며 프랑스와 독일의 침례교회 리더들과 '샤토 블랑(하얀 성)'을 소유하고 있는 베긴(Beghin) 가족(프랑스에서 설탕 생산사업으로 유명한 가족) 사이에 심각한 회의가 진행 중이다. 분위기에 긴장이 감돈다. 비록 베긴 가족은 샤토를 팔려고 내놓았지만 그 시행 과정을 끝까지 해내기 전에 뭔가 말을 삼가고 있음이 분명하다.

베긴 씨가 침묵을 깬다. "우리는 가톨릭이고 이 자산을 신교도들에게는 절대 팔지 않을 겁니다. 우리 아들 패트릭(Patrick)은 2차 세계대전 말에 파리에서 독일군에게 죽었기 때문에 독일 사람들과 상관된 것에도 이 성을 팔지 않겠습니다." 어떤 논쟁도 그들의 마음을 바꾸지 못한다. 모든 예언적 이끌림이 다 실수였던 것 같다. 다니엘과 그의 아내는 자신들의 꿈이 죽어가는 것을 지켜보며 그 꿈을 하나님께 조용히 올려드린다.

장면이 바뀌어 샤토는 막 복권에 당첨된 어떤 사람에게 팔린다. 그 집 입장에서는 슬픈 기간이 시작된다. 겨울에 아무도 살지 않아 파이프가 터져 홍수가 난다. 숲에 있던 4, 5백 년 된 수십 그루의 참나무들이 어리석게도 갈려나가고, 무관심과 파괴의 영이 그곳 전체를 붙잡는 듯하다. 새 주인이 세계 여러 나라에서 온갖 우상들을 가져와 집을 가득 채운다.

물질세계의 파괴는 영적세계의 파괴를 반영한다. 중국에서 가져온 죽음의 가면들, 끔찍한 인도네시아 우상들, 실물 크기의 부처, 마녀 초상들, 심지어 사람 해골들이 방마다 가득 들어 차 있다. 마치 적들이 자신의 뒤틀린 계략을 세움으로써 그 집을 향한 하나님의 약속과 목적을 완전히 진멸하려 하는 것만 같다. 사나운 폭풍이 그 성과 땅에 몰아쳐 나무들을 뿌리째 뽑고 지붕을 망가뜨린다. 이렇게 슬픈 10년의 세월이 지나고 커튼이 내려오며 요셉의 형들이 조롱하는 소리가 다시 한 번 되풀이해서 들리는 것 같다. "자, 그를 죽여 … 그의 꿈이 어떻게 되는지를 우리가 볼 것이니라."

살 가망이 별로 없습니다

2막의 마지막 장면 위로 커튼이 다시 오른다. 때는 1958년 11월이다. 쌍둥이를 고대하고 있는 행복한 부부가 나쁜 소식을 듣는다. 아내는 몸이 좋지 않아 병원에 가야 하고, 거기서 임신 7개월이라는 아주 중요한 시기에 아기들을 조산한다. 쌍둥이 남자 아이 둘은 각각 설탕 한 봉지 정도의 무게밖에 되지 않은 채 세상에 태어난다. 한 명은 폐가 한참이나 발육되지 못해 제 기능을 발휘하지 못하고, 다른 한 명은 죽기로 단념한 것처럼 도무지 먹으려 하지 않는다. 예비 아버지는 병원으로 달려간다. 분만실 가까이에서 그는 살균된 인큐베이터 유리 밑에서 코에 관을 꽂고 힘들게 싸우고 있는 아주 작은 아기 둘을 본다. 그는 이 아기들에게 깊은 연민을 느끼며, 간호사에게 몸을 돌려 자기 아들들을 보게 해달라고 부탁한다.

"어머, 선생님 바로 옆에 있잖아요." 간호사는 그가 방금 흘긋 본 아기들을 가리키며 말한다. "죄송하지만 살 가망이 별로 없습니다."

장면은 바뀌어 1958년 어느 말레이시아 병원에서 한 젊은 웨일즈 병사가 뇌성말라리아에 걸려 죽어가고 있다. 의사가 회진하며 "살 가망이 별로 없군…"이라고 말한다. 커튼이 내려온다.

3막 꿈을 되찾기

젊은 아버지의 중보 기도

우리의 연극이 여기 제2막에서 끝난다면 이것은 당연히 비극이고 세상에는 소망이 없다. 하지만 갑자기 노랫소리가 공중을 가득 채우고 다음 가사가 승리의 제3막을 알리며 울려 퍼진다.

"구속자가 있네, 예수, 하나님 아들, 하나님의 귀한 어린 양, 메시아… 거룩하신 분…"

죽음에 직면한 아기 아버지 위로 커튼이 오른다. 하지만 내면에서 솟아난 믿음의 힘이 그를 붙잡았고 그는 포기하려 하지 않는다. 그는 인큐베이터로 조용히 다가가 아주 작은 두 손을 살포시 쥐고 선포한다.

"아기들은 살 거야."

그 다음에 그는 집으로 가서 바닥에 얼굴을 대고 엎드린 채 고뇌 속에 하나님께 중보 기도를 올려드린다. 교회도 다녀보지 않았고 많이 배우지도 않은 이 젊은 남자의 기도가, 옛날 아브라함이 소돔과 고모라를 위해 중보했을 때처럼 하나님의 귀에 상달된다. "오, 하나님! 제게 이 아들들을 맡겨 주시겠습니까? 오, 하나님, 그들에게 저의 모든 것을 줄 특권을 갖게 해 주십시오. 그들을 먹이고 입히고 사랑할 수 있게 해주십시오. 그들이 스스로를 돌볼 수 있는 나이가 되면 그때는 데려가셔도 좋습니다."

계약이 성립된다. 이것은 평범한 기도가 아니라 진정한 중보, 곧 짐을 자기 것으로 옮긴 기도이다. "제 자신의 삶을 희생한 것으로 그 답을 드리겠습니다. 그 다음에는 그 답을 당신께 다시 돌려드리겠습니다."

기적적으로, 폐가 제기능을 발휘하지 못하던 아기가 배 근육을 사용하여 호흡을 하기 시작하고, 죽어가던 또 다른 아기도 먹기 시작한다. 두 남자아이는 행복하고 사랑이 가득한 집에서 자라난다. 세월이 지나고 그들은 집안 역사상 처음으로 대학에 진학한다. 그들이 각각 노리치와 런던에서 공부를 끝내면서 가족들은 많은 희망을 그들에게 건다. 둘 다 자기 삶이 시작될 때의 그 은밀한 중보에 대해서는 전혀 알지 못한 채 예수님으로부터 멀리 떨어져 살아 간다.

그런데 갑자기 둘 다 기적적으로 예수님을 믿게 되며 개심한 지 6개월 만에 하나님을 섬기는 전임사역을 하게 된다. 이 남자 아이들 중 한 명은 이 글을 쓰는 저자로서 월드 호라이즌(World Horizons) 선교 단체에서 지난 30년간 일해 왔고, 현재 불어권 쪽의 사역을 이끌고 있다. 그의 형은 익떠스 크리스천 펠로우십(Icthus Christian Fellowship)에서 오랫동안 전임으로 사역하며 런던 중심의 저소득층 지역에 교회들을 키워왔다. 그들의 아버지는 두 형제가 모두 예수님을 믿게 되었다는 말을 듣자 옛적의 이야기를 해주며 이런 말을 덧붙인다.

"나는 하나님이 잊으신 줄 알았다. 이제 보니 하나님은 너희를 데려가 하늘나라에 있게 하지 않으시고, 그분 자신에게로 데려가 산 제물이 되게 하셨구나!"

제가 해야 할 당신의 일을 주십시오

장면은 다시 투병하던 젊은 병사에게로 바뀐다. 그 역시 "오 하나님!"이라는 구절로 끝나는 한 책을 읽으면서 내면에서 믿음이 솟아오름을 발견한다. 신기하게도 이 구절은 그의 영을 하나님께 맞춰 조율하며 치유를 시작한다. 그는 점차 자신이 다시 태어났음을 발견한다. 기도는 그에게 생활방식이 되었고 세상의 잃어버린 자들에게 복음을 전해야 한다는 부담을 가져다주었다. 그의 삶에 5년간의 중보로 부르시는 특별한 기간이 찾아온다.

"오, 하나님, 제가 해야 할 당신의 일을 주십시오"라는 기도가 마음의 부르짖음이 된다. 이 기간이 지난 후에 작은 사역이 웨일즈 라넬리에 세워졌고, 그 후 그 사역은 '월드 호라이즌'으로 성장한다. 로우랜드 에반즈가 바로 그 병사이다. 그는 하나님이 그에게 주신 비전에 이끌렸고 결국 나 같은 많은 사람들의 영적 아버지가 되었다.

웨일즈의 두 아버지가 드린 중보 기도의 '행복한 희생자'가 되다니 이 얼마나 큰 특권인가! 커튼은 내려오지만 무대는 계속 열린 채, 월드 호라이즌 및 다른 많은 교회와 선교 운동들이 열방에 하나님 나라의 복음을 전하는 사역을 발전시키면서 훨씬 더 많은 믿음과 중보의 모험들을 위한 무대 장치가 마련된다.

요셉, 다른 이의 꿈에 귀 기울이다

사람들에게 잊혀진 채 감옥 안에서 외롭게 있는 요셉 위로 커튼이 오른다. 그 자신의 힘과 개인적인 야망의 무언가가 천천히, 그렇지만 불가피하게 오래 기다리는 가운데 깨어졌다. R. T. 켄달의 말처럼 "요셉이 배워야 했던 주된 것들 중 하나는 하나님의 때가 오기를 기다리는 것이었다."

그는 더 이상 자신의 꿈에 시선을 고정하지 않았고, 이제 다른 사람들의 꿈에 귀 기울이는 법을 배웠다. "그들이 그에게 이르되 우리가 꿈을 꾸었으나 이를 해석할 자가 없도다"(창 40:8).

오늘날 얼마나 무수히 많은 젊은이들이 이 술 맡은 자와 떡 굽는 자의 말과 똑같은 말을 그대로 되풀이하는가? 너무나 많은 사람들이 꿈이 있지만 이 꿈들이 이루어질 환경을 창조하기 위해서는 거의 아무 일도 하지 않고 있다. 그러기는 교회도 마찬가지다. 우리는 매주 교회 좌석을 채우는 크리스천들의 꿈이 무엇인지 들어주고 그것을 해석할 수 있는가? 아니면 그들이 혼자 좌절하여 자신의 꿈이 늙고 죽어가는 것을 지켜보게 내버려둘 것인가? 하나님은 다른 사람들을 제자로 삼아 그들을 하나님이 주신 꿈 안으로 들어가게 할 리더들로 일으키기 원하신다.

요셉 이야기의 열쇠가 여기에 있다. 다른 사람들의 꿈을 해석하는 것을 배우면서 요셉도 자기 자신의 꿈을 이루었다. 그는 다른 사람들이 그들의 꿈을 이룰 환경을 만들어주면서 사실 자신이 지닌 더 큰 비전의 성취를 향해 앞으로 움직이고 있었다. 그가 술 맡은 자와 떡 굽는 자에게 신실하자 하나님은 바로를 그에게 맡기셔서 나라 전체의 꿈을 해석하라는 도전을 주셨다.

"내가 한 꿈을 꾸었으나 그것을 해석하는 자가 없더니 들은즉 너는 꿈을 들으면 능히 푼다 하더라"(창 41:15).

예수님은 그분의 교회를 "모든 민족을 제자로 삼으라"고 부르셨고, 요셉은 여기서 그 부르심의 현실을 이루어가고 있다. 지금도 민족마다 주신 선교의 꿈을 이루기 위해 나라들이 일어나고 있다. 이 시대의 '요셉'들이 일어나 이 일을 이루기 위해 필요한 제자도의 환경을 만들어 가기를!

우리는 이제 요셉이 재빨리 수염을 깎고 얼굴을 씻고 감옥에서 나와 궁전으로 가는 모습을 본다. 이것이 요셉에게 배우는 또 하나의 교훈이다. 하나님의 예정과 하나님의 때, 모든 것이 맞춰져 하나님의 완벽한 계획이 이루어진다. 요셉의 형제들은 요셉에게 절하고 경의를 표한다. 요셉이 자신이 겪어온 시련에도 불구하고 조금도 쓴 마음의 기색 없이 형제들에게 말할 때 드러나는 그의 친절과 순전함은 참으로 격려가 된다. 이것은 하나님이 요셉의 삶 속에서 그를 계속해서 치유해오셨음을 뚜렷이 암시해주기 때문이다. 요셉이 자신의 두 아들을 무릎에 올려놓은 장면은 하나님의 치유 역사를 우리에게 여실히 알려준다.

"흉년이 들기 전에 요셉에게 두 아들이 나되 곧 온의 제사장 보디베라의 딸 아스낫이 그에게서 낳은지라 요셉이 그의 장남의 이름을 므낫세라 하였으니 하나님이 내게 내 모든 고난과 내 아버지의 온 집 일을 잊어버리게 하셨다 함이요 차남의 이름을 에브라임이라 하였으니 하나님이 나를 내가 수고한 땅에서 번성하게 하셨다 함이었더라"(창 41:50-52).

히브리어 '메나셰(Menache, 잊는다)'에서 나오는 '므낫세'는 과거로부터의 치유를 가져오는 자이다. 사도 바울도 사역을 시작하기 전에 자신이 할 한 가지 일에 관해 "뒤에 있는 것은 잊어버리고 앞에 있는 것을 잡는다"(빌 3:13)고 말했다.

요셉처럼 우리도 자신의 므낫세를 가져야 한다. 우리는 용서하고 잊는 법을 배워야 한다.

히브리어 '히프라니(hiphrani, 번성하다)'에서 나오는 '에브라임'은 고난으로부터 열매를 가져오는 자이다. 요셉은 자신이 겪는 시련을 저주하지 않았다. 오히려 현재의 풍성한 열매가 그 시련을 모판으로 삼아 솟아난 것임을 깨달았다. 예수님은 십자가에서 겪은 영혼의 고통으로부터 사랑의 열매를 세상 속에 탄생시키셨다. 우리 또한 현재의 시련을 넘어 그 이상의 열매를 보는 법을 배워야 한다. 바울은 유명한 로마서 8장 28절에서 "하나님을 사랑하는 자 곧 그의 뜻대로 부르심을 입은 자들에게는 모든 것이 합력하여 선을 이룬다"고 가르친다.

하나님이 예정하신 궁극적인 미래가 이루어져 갈 때, 놀란 형제들을 향해 요셉이 다음과 같이 말하며 커튼이 내려온다.

"두려워하지 마소서 내가 하나님을 대신하리이까(그는 하나님 나라의 꿈 중심에 하나님 대신 자신을 두면 안 되고, 하나님이 무대 중심을 차지하여 그의 완전한 때에 그의 완전한 방법으로 그의 목적들을 이루어 가시게 해야 한다는 교훈을 잘 배웠다.) 당신들은 나를 해하려 하였으나 하나님은 그것을 선으로 바꾸사 오늘과 같이 많은 백성의 생명을 구원하게 하시려 하셨나니"(창 50:19-20).

하나님의 궁극적인 목적은 언제나 구원이다.

기도의 집을 세우다

'샤토 블랑' 위로 커튼이 다시 오른다. 다니엘과 그 아내 로즈메리는 이미 자신들의 꿈을 하나님께 맡겨 드렸다. 하나님은 '샤토 블랑'이 요셉의 이야기에서처럼 많은 꿈들이 해석되는 장소가 되기 원하신다.

장면은 바뀌어 프랑스 알데쉬 지역의 부르그 셍 앙데올에 있는 호라이즌 베이스에서 예배 모임이 진행되고 있다. 그런데 갑자기 예언의 말씀이 공중을 꿰뚫는다. "하나님이 릴 지역에 여러분이 살 흰 성을 준비해 두셨습니다." 팀은 릴에서 학생 사역을 시작할 생각은 하고 있었지만 "성"은 완전히 다른 도전이다!

몇 주 후, 우리는 릴에서 모임을 하고 있다. 전화벨이 울린다. 예언을 받았던 바로 그 사람이 말하길, 자기가 지나가던 차를 우연히 얻어 탔는데 자기를 태워준 사람이 흰 성을 팔고 싶어 한다고 했다.

다시 전화벨이 울린다. 이번에는 다니엘 럴메놀트가 이야기를 나누고 싶어 한다. 그는 어떻게 10년 전에 흰 성으로 인도를 받았었는지 이야기를 펼친다. 우리는 우리가 지금 인도받은 그 성이 실제로 10년 전의 바로 그 건물임을 깨닫고서 하나님이 예정하신 미래로 걸어 들어가는 놀라운 경외심에 사로잡힌다.

논리적으로 생각할 때 우리가 그 건물을 산다는 것은 말이 되지 않는다. 건물에 보수도 많이 필요하고, 제시 가격인 20만 프랑을 지불하기 위해 시작이라도 해볼 약간의 돈마저 없다. 하지만 하나님이 주신 예언의 말씀이 우리 앞에 있다. 앞으로 전진할 믿음을 찾으려고 기도 가운데 씨름하면서 나는 건강을 잃고 한동안을 침대에 갇혀 주님과 보내게 되었다.

어느 날 아침, 나는 로저 폴스터(Roger Forster)의 카세트 테이프를 듣고 있었다. 그는 중간쯤에서 잠시 말을 끊더니 제1차 세계대전에 대해, 그리고 그것이 어떻게 웨일즈 부흥 및 유럽의 복음화에 파괴적인 영향을 미쳤는지에 대해 이야기하기 시작했다. 그가 말할 때 나는 성령이 내 영을 꼭 붙들고 계심을 느꼈다. 그는 계속해서 예언서인 학개 2장 9절을 말했다. "내가 이 곳에 평강을 주리라."

나는 하나님께 "알았습니다, 주님, 이 성이 우리를 위한 것이라면 제가 아래층 기도 모임에 내려갈 테니 누군가가 제게 똑같은 구절을 주기 원합니다"라고 말씀드리고서 사람들이 기도하고 있던 아래층으로 내려갔다. "누가 하나님으로부터 받은 말씀이 있습니까?"라고 나는 물었다. 당혹스런 침묵이 흘렀다. 잠시 후 발소리가 좀 들리더니 누군가가 말했다. "제가 이곳에 돌아오는 길에 샤토 주위에서 기도하고 있었는데 하나님이 분명히 '내가 이 곳에 평강(샬롬)을 주리라"고 말씀하셨습니다."

그때가 바로 우리가 발을 내딛은 순간이었다. 하나님은 유럽의 입구에 '구속의 기도집', 곧 전쟁에 죽은 수많은 젊은이들의 꿈을 다시 취하게 될 장소를 세우라고 새 세대의 젊은이들에게 부탁하고 계셨다. 이 일은 우리 길에서 좀 벗어난 것 같고 다소 불가사의했지만, 하나님의 붙잡으심이 거기 있었다. 재정을 채우는 싸움은 장기전이었다. 계약에 서명하는 날 융자금이 나오고, 필요한 돈의 다른 반은 단 36프랑만을 남기고 오는 등 하나님은 우리를 한계의 끝까지 잡아당기셨다.

초창기 샤토에서의 날들은 만만치 않았다. 수많은 사람들의 꿈을 파괴하며, 실제로 샤토 건물을 파괴하는 데 거의 성공했던 바로 그 파괴의 영에 우리는 맞서 싸우고 살았다. 유럽의 입구에 세워진 건물를 보수하는 것은 하나님이 성취하기 원하시는 영적 청소와 회복의 예언적 표징이었다. 샤토의 역사는 십자군에까지 거슬러 올라가며, 이 장소는 전쟁 시기에 나치를 포함하여 서로 다른 세력들에게 점령당했었다.

어느 기도 모임에서 영국에서 온 사람들과 함께 기도하는 중에 그 집을 '피의 죄'의 저주로부터 해방시켜야 한다고 느꼈다. 이것은 나치주의, 그리고 그 배후에 있는 힌두교 신들과 관련된 것이었다. 우리는 특히 그 집을 붙잡고 있는 전쟁에서 죽은 베긴 씨 아들과 관련된 것들로부터 해방시켜야 했다.

'그 땅을 되찾기 위한' 집중적인 기도와 금식 기간들을 보내며 오직 하나님하고만 지냈다. 최근에 켈트 기독교의 뿌리를 살펴보는 「엮인 줄의 회복(Restoring the Woven Cord)」이라는 마이클 미튼(Michael Mitton)의 책을 통해 땅을 되찾는 주제에 많은 통찰력을 얻게 되었다. 미튼은 체드(Cedd)라는 경건한 사람이 기도의 집(수도원)을 세우는 이야기를 이렇게 전한다.

체드의 임무는 우선 좋은 수도원 자리를 찾는 것이었다. 요즘 식이라면 우리는 아마 주위 시설이 좋고 사람들이 쉽게 다닐 수 있는 곳을 찾을 것이다. 그러나 체드는 그렇게 생각하지 않았다. 그는 사람이 살기보다는 도둑의 소굴이나 야생동물들의 서식지로나 알맞을 것 같은, 멀리 떨어진 높은 언덕들 사이에 수도원 자리를 선택했다. 체드의 소원은 하나님이 인류를 구속하시는 상징으로 그 땅이 구속됨을 보는 것이었다. 그는 그 땅의 이 특정 지역이 자연적으로만 거친 것이 아니라 그 장소에 '이전 죄들'이 가져온 어떤 초자연적 불편함이 있음을 분별했다. 분명 어떤 형태의 사람의 죄가 이 땅을 오염시켰으며 이제 크리스천들이 그 땅을 축복하는 제사장의 사역을 통해 그곳을 정결케 해야 했다. 체드는 그곳을 정결케 하기 위해 사순절 전체를 그 장소에서 기도하고 금식하는 데 드리기로 했다.

우리는 지난 수년에 걸쳐 기도하고 금식하며 이 건물을 보수함으로써 이 특정 관문 지역을 파멸로부터 되찾는 일을 위해 중보의 삶을 살아왔다는 생각이 든다. 그 결과 발칸 반도, 아일랜드, 중앙아프리카와 같은 갈등 지역에 전략적인 사역을 시작하게 되었다. '토론토 블레싱'이라고 알려진 성령의 '새 포도주'를 경험하면서 중대한 돌파가 우리에게 일어났다. 그 집에서 중보하며 몇 시간 지속된 '거룩한 웃음'은 죽음, 절망, 근심과 가난의 영을 내쫓는 것 같았다. 나는 축복의 새로운 물결을 타고 '열방의 치유'의 무언가가 일어나지 않았을까 생각한다. 미튼은 다음과 같이 유익한 관찰을 한다.

> 땅에 대한 태도가 오늘날 어떻게 변하고 있는지 보면 재미있다. 많은 사람들이 실제 지리적 위치들과 영적 어두움과의 연관성을 의식하게 되고 있다. 이것은 수 세기 전에 행해진 주술 행위나 사람에게 가해진 어떤 부정과 관련이 있고 그것들은 아직도 그 땅을 오염시키고 있는 듯하다. 죄의 고백과 기도가 영적 공기를 바꾸는 효과적인 방법들임이 입증되고 있다. 피터 와그너 및 다른 이들은 어떤 지역들에는 '영토의 영'이라 불리는 강력한 마귀의 세력들이 있다고 한다.

오랫동안 참고 견딘 믿음을 통해 '샤토 블랑'의 꿈은 구속되었고 전략적인 영적 교두보가 세워졌다. 그곳을 기쁜 마음으로 거쳐 간 독일 청소년 그룹들을 지켜보면 베긴 씨의 옛날 맹세는 진정으로 완전히 깨졌다. 샤토는 잘 운영되어 해마다 수많은 사람들을 환영하고 훈련하고 있다. 그곳은 제자 훈련을 격려하는 분위기이며, 많은 젊은이들이 비전과 꿈을 찾고, 선교지에서 그것들을 이루어 가는데 필요한 격려와 영감을 발견해왔다. 지금 현재 우리는 프랑스, 유럽, 그리고 불어권 아프리카로 들어가 일하고 있다. 하지만 너무 많은 말을 하기 전에 커튼은 구속의 마지막 대목 위로 오른다.

오늘의 꿈 : 이 뼈들이 능히 살 수 있겠느냐?

우리는 바이미 리지(랑스, Lens)에 있는 전쟁기념 공원을 내려다보고 있다. 무수히 많은 나무들이 산들바람에 흔들리고 있다. 나무 한 그루가 죽은 병사 한 명을 상징한다. 웬 낭비인가! 심지어 기념들판의 어떤 곳은 아직도 폭발되지 않은 폭탄들 때문에 출입이 제한되어 있다. 농부들은 밭을 갈다가 종종 파괴의 섬뜩한 유물이며 묻혀진 과거의 꿈들을 잔인하게 증거하는 유골과 뼈들을 파내기도 한다. 우리는 골짜기를 내려다보며 마치 마른 뼈의 골짜기에 관한 에스겔 선지자의 말, 그리고 그가 그 폐허와 파멸을 묵상할 때, 하나님이 그에게 제시하시는 예인적 도전을 듣는 듯하다.

> 인자야 이 뼈들이 능히 살 수 있겠느냐?(겔 37:3)

이런 도전이 있겠는가! 과거의 죽음으로부터 생명이 솟아오를 수 있는가? 한 나라가 일어날 수 있겠는가? 죽은 꿈들이 다시 살아날 수 있겠는가? 아우슈비츠의 가스실, 폴포트의 캄보디아의 대학살장, 르완다의 피 흘리는 몸들에서부터 세브렌카(Sebrenka) 및 발칸 반도의 미친 행위가 닿은 다른 곳들의 대규모 무덤들에 이르기까지 얼마나 많은 '마른 뼈의 골짜기들'이 역사의 멋진 풍경에 오점을 찍어 왔는가?

희망이 있는가? 그리스도는 제삼 일에 죽은 자 가운데서 살아나셔서 그의 이름을 믿는 자들을 위해 죽음의 권세를 영원히 깨셨다. 이스라엘은 나치 화장터의 불길을 견디고 살아남아 다시 한 번 자기 땅에 돌아감으로써 죽음에서 부활한 나라가 되었다. 우리는 구속과 부활로부터 얼마나 많은 것을 기대할 수 있는가? 단지 미래의 약속뿐인가, 아니면 여기 이 땅에서 인생의 비극으로부터 어느 정도의 구속이 있을 수 있는가? 목숨을 잃은 엄청난 수의 '열일곱 살 젊은이들'의 꿈은 어떻게 되는가? 그들의 꿈은 다시 살아날 수 있는가?

에스겔은 이 심오한 도전에 "주 여호와여 주께서 아시나이다"라고 현명한 대답을 한다. 하나님 한 분만이 심판과 역사의 비밀들을 온전히 아신다. 하지만 그분은 그의 백성에게 잃어버려진 것들 위에 생명과 구속을 대언하라고 도전하신다. "너희가 살아나리라"(겔 37:5).

에스겔은 담대하게 불가능한 일을 예언하며, 그가 "대언할 때에 소리가 나고 움직이며 이 뼈, 저 뼈가 들어맞아 뼈들이 서로 연결되었다"(겔 37:7).

성령이 식민주의, 노예제도, 종족 간의 증오와 가난의 마른 뼈들 위에 숨을 불어넣어 숨겨진 나라들을 세계 역사의 무대 중심으로 끌어올려 세계 복음화의 마지막 장에서 핵심 역할을 하게 하실 때, 공기 중에 뼈들이 부딪치는 소리가 있을 거라고 나는 믿는다.

주권자이신 하나님이 이렇게 말씀하신다. "생기야 사방에서부터 와서 이 죽음을 당한 자에게 불어서 살아나게 하라"(겔 37:9).

하나님은 프랑스의 진흙 속에 뿌려진 선교의 꿈을 아프리카, 한국, 라틴아메리카 젊은이들의 마음속에 불어넣고 계신다. 우리들의 메마른 마음도 같은 선교의 꿈으로 새로워질 수 있다. 웨일즈 부흥의 씨는 20세기 초에 부끄럽게도 땅 속에 묻혔다. 하지만 새천년 초에, 그리고 백 년째 되는 해(2004년)에, 그 뿌리는 깊고 강하게 자라 있고 그 씨는 부활의 생명 속에서 다시 싹트려 하고 있다. 이번에는 비단 '웨일즈'의 부흥만이 아니라 다색, 다민족의 부흥이요, 열방이 함께 와서 예수님을 경배하며 하나님 나라의 복음을 전파하는 예언적인 열방 부흥 축제로 드려졌다. '제십일 시' 일꾼들은 일어날 준비가 되어 있다.

> 생기가 그들에게 들어가매 그들이 곧 살아나서 일어나 서는데 극히 큰 군대더라 (겔 37:10).

지난 수년 간 나는 개인적으로 말 그대로 무수히 많은 중앙아프리카의 젊은이들이 함께 모여 조직을 세우고 힘센 군대로 일어나 예수님을 위해 순교하기로 헌신하는 것을 지켜보는 특권을 누려왔다. 또한 수많은 아시아의 젊은이들도 선교 훈련을 위해 일어나고 있다. 분명 이것은 1910년 에딘버그 및 에반 로버츠의 꿈을 되찾는 일의 일부가 아니겠는가?

수많은 자들이 목숨을 잃었지만 이제 수많은 자들이 일어나 내려놓았던 배턴을 다시 쥐고 있다. 당신은 하나님 나라의 성취를 위한 당신의 배턴을 기꺼이 받겠는가? 부디 우리가 열방들을 격려하며 부활을 선포하고, 삶으로 또한 그렇게 사는 예언의 사람들이 되기를!

> 주의 죽은 자들은 살아나고
> 그들의 시체들은 일어나리이다
> 티끌에 누운 자들아

너희는 깨어 노래하라
주의 이슬은 빛난 이슬이니
땅이 죽은 자들을 내놓으리로다(사 26:19).

그 꿈을 되찾는 작은 일환으로 우리는 프랑스를 위한 국가기도 모임을 시작했다. 2000년도에 40일 기도로 시작해 이미 7년 비전 중 5년째에 있다. 이 운동을 통해 교파를 초월한 수많은 크리스천들이 자신들의 나라를 위해 기도하는 데 동원되었다. 샤토에서 있었던 첫 번째 기도 모임에서 다음의 예언이 선포되었다.

많은 중보자들이 프랑스의 전쟁터를 위해 기도해왔고 그렇게 하는 것이 맞습니다. 하나님은 피가 흘려진 곳을 절대 잊지 않으십니다. 프랑스 북부에 아름답게 가꾸어놓은 공동묘지들을 보았습니다. 흰 십자가마다 각각 포피(전쟁에 죽은 자들을 기념하기 위해 널리 사용하는 빨간 양귀비속 꽃 - 옮긴이)가 달려있었는데, 내가 다시 보니 군대가 움직이는 것 같았습니다.

새로운 남녀 젊은이들의 군대가 움직이는 것 같았습니다. 그들은 자신들의 임무에 매우 진지했고 동시에 그들 안에 큰 기쁨이 있었습니다. 그 젊은이들은 바다 건너서부터 프랑스로 행진해 들어왔으며 프랑스에서 함께 만나 군대가 되었습니다. 그들은 공동묘지들로 행진해 들어가 십자가를 집어 들었습니다. 처음에는 다소 충격적이었지만 젊은이들은 각자 흰 십자가를 자기 어깨에 진 다음, 유럽 전역으로 행진해 갔습니다.

확연하게 드러나는 지도자가 지휘하는 모습도 볼 수 없었고 어떤 명령도 내려지지 않았습니다. 아무도 아무 말도 하지 않았는데, 그들은 모두 자기들이 무슨 일을 하고 있으며 왜 하는지 정확히 알고 있었습니다. 이 행위 안에 구속적인 가치가 있는 듯했고, 과거에 잃어버려진 삶들이 더할 나위없이 존중되는 것처럼 보였습니다. 이 삶들은 아직 싸우지 않은 미래의 전쟁들에서 가치가 있을 것입니다.

시간을 구속하고 과거에 허비된 생명을 구속하시는 하나님의 아름다운 센스가 있었습니다. 이 놀라운 장면에는 기쁨과 엄숙함이 있습니다. 그 젊은이들이 결국 어디로 갔는지는 보지 못했습니다. 목적지가 유럽의 여러 곳이었는데 그들은 그 목적지에 도달할 것이고, 이번 세기의 두 큰 전쟁에서 목숨을 버린 이들보다 훨씬 더 많은 일을 할 것임을 나는 알았습니다. 임무를 충분히 완성하고도 남을 것입니다.

몇 년 전 나는 프랑스 전쟁터 최전선을 따라가는 '땅 밟기 기도'에 참여했다. 그것은 놀랍도록 감동적인 시간이었다. 특히 베르둔(Verdun)의 옛 전쟁터를 통과했던 시간은 특별했다. 하나님은 마가복음 5장 21-43절에 나오는 상처 입은 두 세대에 관한 이야기를 내게 말씀하셨다.

한 여자는 '혈루증'으로 앓아왔고, 한 소녀는 죽음의 손아귀에 있었다. 유럽의 피 묻은 역사는 수 세기 동안 혈루증을 앓아왔고, 한편 그 젊은이들은 죽음과 절망으로 숨막혀 하고 있다. 소녀와 여자는 둘 다 12년이라는 시간으로 연결되어 있다. 여자가 피 흘린 역사는 '열두 해'로 날짜가 나와 있고, 어린 소녀는 '열두 살'의 나이로 이제 막 여성이 되는 시기에 있었다. 이것을 통해 하나님은 나에게 "지난 세대의 해결되지 못한 피의 죄는 새 세대에 죽음의 영을 가져온다"라고 말씀하시는 것 같았다.

하지만 하나님은 그런 슬픈 전망 속에 나를 버려두지 않으시고 다음의 구속적인 격려를 덧붙이시는 듯했다. "그리스도의 살아 있는 말씀과 그의 구속적인 임재는 시간을 초월하며 상처 입은 두 세대를 모두, 즉시 치유할 수 있다."

예수님은 능력이 자신에게서 나가는 것을 느끼셨다. 중보는 그리스도의 아름다운 덕을 풀어내어 역사 속의 피의 죄에까지 이르게 한다. 예수님은 여자에게 치유를 말씀하신다. 과거에게 치유를 말씀하시는 것이다. "딸아 네 믿음이 너를 구원하였으니 평안히 가라 네 병에서 놓여 건강할지어다"(막 5:34).

예수님은 또한 현 세대를 죽음의 두려움과 종속됨에서 해방시키면서 현 세대에 믿음과 생명을 말씀하신다. "두려워하지 말고 믿기만 하라"(막 5:36).

예수님은 유럽의 젊은이들을 간절히 잡고 싶어 하시는 것처럼 소녀의 손을 잡고 생명과 사랑의 말씀을 하셨다. "달리다굼!(내가 네게 말하노니 소녀야 일어나라!)"

이처럼 새로운 세대가 구속되고 해방되어 '일어나' 주를 섬기기를!

이렇게 세월이 흐른 뒤에도 잊지 않으시고 하나님께서 우리로 하여금 '꿈을 되찾는', 즉 원래의 비전으로 다시 데려가시니 얼마나 놀라운 격려가 되는지! 아프리카와 한국의 많은 젊은이들이 우리와 함께 훈련을 했고, 지금 내가 이 글을 쓰는 중에도 50명이 넘는 일단의 젊은이들이 유럽의 여러 목적지로 가기 위해 우리에게 들어오려 하고 있다. 기도와 페인트 붓으로 무장된 지역교회들은 계속해서 우리에게 소중한 도움을 줄 뿐 아니라 교회들의 선교 비전을 위한 계시와 격려를 받고 있다.

제십일 시 일꾼들의 강력한 군대가 축제 속에 행진해 나가며 마지막 막이 내린다. 그들의 무기는 세상적인 것이 아닌 영적인 것, 즉 기도와 믿음과 희생적인 사랑이다. 그들은 나가서 죽음과 파멸의 이기적인 의식이 아니라 풍성한 삶의 복음을 전파하는 데 자기 삶을 드린다. 아프리카의 북 치는 소리와 예배가 기쁨의 클라이맥스를 향해 가면서 천사의 무리가 그 모든 일의 신비 속에 기뻐한다. 그리고 하늘이 미소 짓는다.

자, 이제 연극이 끝났다. 승리로 끝났기를 바란다. 하나님은 꿈을 되찾으신다. 우리가 어떻게 하나님과 협력하여 꿈을 되찾을지 위로부터 몇 가지 짤막한 결론을 끌어내보자.

첫째, 진심에서 우러나오는 참된 중보를 통해서다. 우리의 어린 웨일즈 소년의 기도와 역사가 분명 한 원리를 준다.

둘째, 제자도를 통해서다. 다른 사람들의 꿈을 해석해주고 성장과 영감을 위한 올바른 환경을 만들어내는 것 등이 그것이다.

셋째, 다음 영적 전쟁의 원칙들에 관련된 믿음과 순종의 발걸음이다.

(1) 잘못된 피의 권세 깨기(땅을 구속하기)
(2) 파멸의 권세 깨기(아바돈, "그들에게 왕이 있으니 무저갱의 사자라 히브리어로는 그 이름이 아바돈이요 헬라어로는 그 이름이 아볼루온이더라"〔계 9:11〕).

하나님께서 무고한 아벨의 피가 땅에서부터 그에게 부르짖음을 들으셨던 것처럼, 피로 젖은 프랑스의 전쟁터의 부르짖음을 분명히 들으실 거라고 생각하면 큰 도전이 된다. 우리는 어떻게 "피 흘린 죄"(시 51:14)가 유럽의 복음화에 큰 장애물이 되어왔는지 시간이 흐르며 점점 분명하게 깨닫게 되었다.

사탄의 부하들은 무고히 흘린 피를 먹이로 거기서 세력을 얻는다. 열방을 향한 하나님의 목적을 막는 주된 세력은 요한계시록 17장에 나오는 음녀이다. 이 음녀는 식민정책의 모든 악을 상징한다(11-13절). 우리는 독일이 '미치게 하는 포도주'를 마시고 세계를 지배하겠다는 왜곡된 비전에 취하면서 이 음녀가 독일 위에 짜서 덮은 파시즘의 마력을 상상할 수 있다. 하나님이 신부, 곧 교회를 통해 이루시려는 계획, 열방을 그리스도께로 이끌어 해방시키기로 예정하신 그 계획들에 반대되는 모든 것을 그녀는 상징한다.

이 음녀는 솔로몬의 이야기에 나오는 창녀가 자기 아이를 숨막혀 죽게 한 것처럼 열방의 가능성을 질식시켜 죽게 만든다(왕상 3:19). "네가 본 바 음녀가 앉아 있는 물은 백성과 무리와 열국과 방언들이니라"(계 17:15).

음녀는 피로부터 힘을 얻는다. "또 내가 보매 이 여자가 성도들의 피와 예수의 증인들의 피에 취한지라"(계 17:6).

우리는 믿음과 순종을 통해 그리스도가 십자가에서 완성하신 일에 대한 증언을 일으키고, 모세가 이스라엘 집들의 문설주에 피를 뿌린 것처럼(출 12:22) 그리스도의 승리를 뿌려야 한다. 성경은 피의 죄를 구속하는 단서들을 좀 더 보여준다. 마가복음 5장의 치유 받은 세대들을 또한 기억하라.

"너희는 너희가 거주하는 땅을 더럽히지 말라 피는 땅을 더럽히나니 피 흘림을 받은 땅은 그 피를 흘리게 한 자의 피가 아니면 속함을 받을 수 없느니라"(민 35:33).

그리스도는 세상을 향한 놀라운 사랑으로 피 흘린 죄인을 대신하여 자기 자신의 무고한 피를 흘리심으로써 오염된 전세계의 땅을 대신 속죄하셨다. 우리가 복음을 전파하고 교회를 세우고 전략적인 기도 발전소를 일으킴을 통해 적용시켜야 하는 것은 바로 이 승리다. 요엘 3장 21절은 놀라운 구속의 약속이다.

> 내가 전에는 그들의 피 흘림 당한 것을 갚아주지 아니하였거니와 이제는 갚아주리니.

'샤토 블랑'의 이야기와 에반 로버츠의 꿈은 개인적으로, 그리고 역사 속에서 이루어져왔고 지금도 이루어지고 있기에 현실을 잠깐이나마 들여다보게 해준다.

토마스 만(Thomas Mann)은 그의 대작 「마의 산(The Magic Mountain)」을 통해 비극과 전쟁이 닥친 상황에서 인생의 의미를 면밀히 조사하고 생활의 불합리함 가운데 '사랑의 꿈'이 일어나기를 찾는다. 우리의 승리의 왕이신 그리스도는 일어나셨고 우리가 그분께 시선을 고정시키고 역사를 지나 영원에까지 그분을 따라갈 때 이 '사랑의 꿈'은 구체적인 경험이 된다.

"당신이 스스로를 천천히 바라보면서, 죽음에서부터, 그리고 육신의 반역에서부터 사랑의 꿈이 당신에게 오는 순간이 있었다. 이 세계적인 죽음의 축제에서부터, 이 극심한 열에서부터, 비에 씻긴 저녁 하늘을 불타는 붉은 빛으로 태우면서, 언젠가는 사랑이 올라오기를…"

Chapter 11

약함을 드러내는 것이 곧 기회다
- 지극히 작은 자가 되는 것 -

비록 나는 내 삶의 최고의 때를 "꿈을 되찾기"라는 선교의 부르심에 드렸지만, 때로는 그 선교가 나에게는 좀 애매한 사랑, 또는 증오의 대상이기도 했다. 그것은 때로 민족적 이기주의의 교만에 의해 우리가 의도한 최상의 생각들을 좌절시키기도 했고, 때로는 각 시대마다 이루어낸 선교 사역의 의미가 역사가 흐르면서 다르게 변질되기도 했다.

가톨릭 선교사인 빈센트 도노반(Vincent Donovan)은 동아프리카의 선교의 기원에 대해 그의 통찰력을 나눈 바 있다. 그들은 노예제도 문제에 직면해 있었다. 노예제도가 들어오기 전에는 그곳 토착민들은 질서 있고 상당히 안정된 생활을 누리고 있었다. 그런데 노예제도는 그들에게 황폐와 혼란과 상상할 수 없는 비참함을 가져왔다. 도노반은 이같이 서술한다.

> 아랍 침략자들은 노예들을 얻으러 내륙 깊이 들어가서는 잔지발 쪽의 해안으로 그들을 다시 몰고 갔다. 본토의 마지막 지점은 바가모요(Bagamoyo)였다.

바가모요 선교의 오류

바가모요는 '브와가(bwaga)' 와 '모요(moyo)' 라는 두 개의 스와힐리 단어들로부터 그 이름을 취한다. '브와가' 는 '아래로 던지다', '내려놓다', 혹 '내리다' 는 뜻이다. 길고 긴 여행에서 사파리를 이끄는 사람은 여정 도중 여러 지점에서 짐꾼들에게 "브와가 미지고(Bwaga mizigo)", 곧 "짐을 내려 놓아라"고 소리 지르곤 한다. '모요' 는 '마음' 을 뜻한다. 그러니 '브와가 모요' 는 '마음을 내려 놓으라' 는 뜻이다. 바가모요는 잡힌 노예가 내륙으로부터의 긴 여행 후에 마음을 내려놓고 마음의 짐도 내려놓고 소망을 포기하는 장소였다. 그곳은 잔지발과 비참한 인생으로 여행을 떠나기 전에 자신의 조국과 마지막으로 연결된 지점이었기 때문이다."

현장에 도착한 첫 선교사들은 한 민족을 노예로 삼는 이 끔찍한 일에 대해 무언가를 하려는 좋은 의도로 가득 차 있었다. 그들은 자기들의 생각에 최상이었던 일, 곧 그들 자신이 노예들을 사기로 결정했다. 그들은 본토에서 가져온 돈으로 사방에서 수백, 수천 단위로 노예들을 샀다. 그렇게 산 노예들을 모두 크리스천으로 만들었다. 노예를 사서 크리스천으로 만드는 것은, 사실상 동아프리카뿐만 아니라 전 대륙에서 이루어진 사역의 주된 방법이었다.

돈이 이 기획에서 핵심 요소였음이 명백하다. 가톨릭에서는 로마가, 신교에서는 '선교 단체'들이 돈을 충분히 공급해 주었다. 영국과 미국, 두 나라에서 일어난 반노예제도 운동들은 또한 '집에 있는' 사람들의 심금을 울려 이들은 가난한 노예들을 위해 '절대 필요한' 이 선교 일에 쓰일 재정을 도왔다. 선교사들은 선한 양심으로 노예제도와 싸웠지만, 뒤돌아보면 한 제도와 싸우는 가장 좋은 방법이 과연 그 제도의 산물을 사들이는 것일까 하는 의구심이 든다.

> 선교사들은 노예들을 사서 그들을 돌보고 커다란 농장과 경작지들을 운영하며 그들을 먹였다. 물론 일은 노예들이 했다. 당시의 선교 간행물들이 선교사들이 산 노예들의 운명이 잔지발이나 다른 곳의 다른 노예들보다 현저히 더 나았다는 증거를 보여준다면, 이 개념에 좀 더 확신이 들 것이다. 물론 신체적인 학대는 결코 선교 관할 사역의 일부가

아니었다. 그러나 '자유' 라는 단어 역시 선교 농장에서의 삶을 묘사하는 가장 정확한 단어는 아닌 것 같았다. 심지어 그런 식의 '자유' 를 위해서도 치러야 할 대가가 있었는데, 그것은 기독교를 받아들이는 것이었다.

도노반의 이야기는 쉽게 사라지지 않을 어려운 질문들을 우리에게 던진다. 당시의 선교사들 중에서 몇 명이나 자신들이 하는 일이 과연 지혜로운 행동인지 돌아보았을지 궁금하다. 사실상 그들의 기획은 완전히 미친 행위였다. 그들은 가장 인위적인 방법으로 교회를 세우려 하고 있었다.

노예였던 자들에게 세례를 주고 그들 중 많은 수를 직업학교에서 훈련시켰다. 그리고 선교사들은 그들 사이에 결혼도 주선해 주었다. 그들이 크리스천 가정들을 꾸미며 대규모 선교 단지 안에 어느 부분을 그들로 정착시키고 싶어 했다.

그렇게 가정들이 늘어나서 전 대륙을 크리스천들로 채우게 되기를 바랐다. 그러나 불행히도 그런 노예 가족들의 자손은 줄어들었고, 그들의 계획은 비참한 실패로 끝났다. 더 심각한 일은, 동아프리카에서 이루어진 이 초기의 선교적 시도들은 이어지는 다음 세대들 위에 미묘한 흔적, 곧 노예제도의 흔적을 남겼다는 점이다. 선교사들의 주택 단지가 아직도 동아프리카에 증거로 남아 있다. 그리고 세례를 준 의심스러운 동기, 크리스천이 된 사람들의 공헌과 의존성, 선교사들의 생색내는 태도 등은 그때부터 지금까지 반복되는 주제들이다. 선교 사역의 왜곡된 목적, 의미, 그리고 방법은 우리를 진정한 핵심에서 벗어나게 했다.

여기서 우리는 최상의 방법이라고 했던 일이 슬프게도 잘못된 일이었음을 본다. 선교 사역의 진정한 핵심가치라고 할 수 있는 '연약함' 속에 사신 그리스도가 진정 선교로부터 멀리 떨어져 왜곡된 틀에 갇혀 고생하는 일들을 너무도 많이 볼 수 있다.

오늘날 바가모요는 유령도시처럼 서 있다. 거대한 성당은 텅 비었고, 노예들의 통나무 집은 여전히 존재하며, 높이 자란 코코넛 나무 가지들은 정신을 잃을 만한 더위 속에 흔들리지도 않는다. 수많은 젊은 선교사들의 유해로 가득 찬 우울한 묘지는 한 세기 동안 잠들어 있다. 바가모요는 정말로 무수히 많은 노예들, 많은 선교사들, 그리고 아프리카에서의 50년의 선교 사역에 걸맞은 상징, 곧 '마음과 소망을 여기 내려놓으라'는 상징이다.

도노반은 선교의 실패를 회고하며 교육, 식민지주의의 정치적, 지리적 영향, 그리고 독립 등에 대해 괴로운 마음을 표한다.

당시의 선교 사역이 혼란 속에 있었음은 틀림없는 사실이다. 노예제도 속에 태어나, 학교교육으로 분별력을 잃고, 독립에 깜짝 놀란 후, 국가

건설에 숨이 막힌 동아프리카 선교는 자신에게 진실할 기회가 한 번도 없었다.

그의 주장은 다소 부정적인 면들을 과장하는 것 같지만, 결국 오늘의 효과적인 선교를 위해 현실을 정확히 알고 그에 적합한 패러다임을 찾자는 것이다. 결국 도노반은 자신의 '연약함'을 그대로 보여주기로 결정하고, 선교 베이스나 재정의 안정 등을 벗어던졌다. 그는 스스로 마사이 종족 안에서 평범하며 연약한 나그네가 되어 그들의 문화와 언어 속에서 그리스도를 겸손하게 드러내 보여주었다.

"내가 전파하는 그리스도는 누구인가? 서구 문명의 문화적 부착물을 모두 떼어버리고, 진짜 기독교가 주어야 하는 것은 무엇인가?"

그는 마사이 종족들과 함께 살면서 이 질문들에 대한 답을 직접 삶으로 이뤄냈다. 우리 각자는, 특히 선교에 마음이 있는 자들은 이 질문에 부딪칠 용기가 있어야 한다. 나도 이 질문에 대한 현실적인 답을 알고자 직접 몇 가지를 시도해보고 나름의 답을 찾게 되었다. 다만 장소는 동아프리카가 아니라 중앙아프리카, 그곳 역시 선교단체들과 연관되어 얼룩진 과거를 가진 곳이다.

이번 장에서는 우리가 일반적으로 갖고 있는 선교사역에 관련된 개념에 도전을 던지며 '강점'이 아닌 우리의 '연약함'을 오히려 선교 전략의 핵심 패러다임으로 소개하고자 한다.

기본적이지 않은 기본적 욕구들

몇 년 전, 나는 피그미 종족이 사는 한 마을을 방문하기 위해 오래된 랜드로버의 뒷자리에 앉아 중앙아프리카의 사이플라크를 향했다. 길은 울퉁불퉁했고 날씨는 끈적끈적 했지만, 아프리카의 많은 종족들의 다음 세대가 어떻게 선교 군대로 일어날지 생각하니 가슴이 뛰었다. '그것이 정말 가능할까요 주님?'

서구의 우리는 너무 많은 것들을 가지고 있다. 또한 우리는 어려서부터 스스로를 돌보며 강하고 독립적이기를 배운다. 우리는 풍성한 의식주, 최고의 의료 환경, 안정된 가족생활, 좋은 학군, 최신의 교통수단과 통신수단, 그리고 최적의 안정되고 안전한 환경을 만드는 것이 당연한 것이라고 배워 왔다. 덕분에 서구 교회도 이런 가치관에 흠뻑 젖어 왔으니 아무리 균형 잡힌 '기독교적' 방식을 강조해도 여전히 이런 기본적 욕구를 만족시키려는 것은 전혀 지나친 일이 아니다.

내가 만나본, 서구 교회들에서 파송된 대부분의 선교사들 역시 그들이 살아온 대로 선교지의 환경을 만들어 살 수밖에 없다. 물론 원래 살았던 생활수준에 비하면 아주 희생적으로 살고 있는 그들을 비판하거나 판단하려는 의도는 전혀 없음을 분명히 밝혀 둔다. 그렇지만 대부분의 경우 그들은 자신들이 성장하며 배워온 가치관들을 따라 생활 수준을 유지할 필요를 느낄 것이다.

예를 들어 신학교나 대학원의 교육을 마친 능력 있는 사람으로서 그 능력에 맞는 수준의 독립적 생활을 할 수 있다면 아주 바람직할 것이다. 분명히 그는 아프리카에서 여행할 수 있는 차량과 제대로 된 사택, 그리고 바깥 세상과 소통할 수 있는 기기들이 필요할 것이다. 대부분의 경우는 모교회나 외국 선교 기관에서 후원을 받을 가능성이 많다. 다시 한 번 강조하건대, 나는 결코 그들을 비판하고 싶은 게 아니다. 단지 유럽과 서구 선교사들이 선교 현장에서의 삶과 섬김을 유지하려면 위의 것들이 필요하다는 사실은 누가 봐도 당연하다는 것이다.

하지만 이 모든 것에도 불구하고 아프리카인들에게 선교란 '잘 훈련받고 잘 준비된' 자들만이 할 수 있는 일로 비춰지는 것 같다. 내가 아프리카로 파송한 선교사들이 보내온 요청 목록을 보면(다른 선교 단체들도 비슷할 것이다), 4륜 구동 랜드크루저, 컴퓨터, 오토바이, 자녀 교육비, 책과 연구 보조금 등이 있다. 내가 궁금한 것은 이렇게 모든 것을 갖춘 성공적인 선교사가 지금 일어나고 있는 아프리카 선교 운동에 어떤 메시지와 모델을 제시할 수 있는가 하는 것이다.

우리는 돈과 건강과 안정된 가족과 학벌 등을 갖추지 않으면 좋은 선교사가 될 수 없다고 말하고 있는 것은 아닌가? 그렇다면 지금 세계 복음화의 최전선에서 부르심을 성취하기를 고대하고 있는 불어권 아프리카 및 그 너머에서 열심히 달려가고 있는 '초라한' 선교 일꾼들은 어떡할 것인가? 또한 하나님을 향해 불타는 마음만 있지 소유물이라고는 활과 화살, 잎으로 만든 이동식 '이글루', 그리고 허리에 두르는 천밖에 없는 대다수의 피그미 사람들은 어떡할 것인가?

길은 더 꼬불거리고 적도의 삼림도 더 빽빽해져 가면서 이 모든 생각들이 나의 머리를 지나가고 있었다. 그러면서 내가 얼마나 독립적이어야 하고 강해져야 하는지를 배우며 자랐는지를 회고하게 되었다. 나아가 내가 전하는 복음 전도가 얼마나 '강하고 갖추어진' 자들이 '가난하고 궁핍한' 자들을 위한 것으로 되었는지를 생각하게 되었다.

누군가에게 복음을 '줄' 수 있다는 생각 자체가 우월성을 어느 정도 깔고 있는 것이다. 서방 세계는 아프리카에 길과 학교와 병원과 사업들을 주면서 복음을 '주었다'. 많은 사람들이 선교를 떠올릴 때, 인자한 아버지의 모습을 지닌 슈바이처 박사 같은 인물이 아프리카에 의료원을 세우거나, 성스러운 간호사가 즐거운 표정을 한 고아들에게 둘러싸인 모습을 떠올린다.

약함을 드러내는 것이 기회다

선교는 '필요의 충족'이라는 무릎반사를 일으킨다. 여기서 아주 주의해야 할 점이 있다. '필요'를 채워주는 것에 선교의 초점을 맞추면 자칫 다음 세대의 선교사들이 일어나지 못하게 만들 수도 있다. 필요를 채워주는 것으로 신이 나서 계속 그쪽의 일을 찾아내다보면 결국 선교의 역효과를 낳고 말 것이다.

친한 친구가 언젠가 내게 마음을 털어놓은 적이 있다. 그는 고아원에서 자랐는데 그곳에서 다른 사람의 도움을 받는 것이 너무도 싫었다는 것이다. 사람들은 친절했고, 그에게 사랑을 주었지만 그는 다른 누군가가 베푼 자선을 '받는' 대상이 되기 싫었다고 말했다. 우리는 복음 나눌 기회를 얻기 위해 우리가 가진 것으로 사람들을 돕는다고 한다. 그렇지만 복음을 전달하기 위해서, 오히려 우리의 연약함을 드러내는 법부터 배워야 한다고 말하고 싶다.

피그미 야영지에 접근하며 나는 '우리가 잘못된 길로 돌아가게 했는가?'라는 생각을 했다. 본회퍼가 「제자도의 대가(The Cost of Discipleship)」에서 한 말이 갑자기 떠올랐다. "그리스도는 사람을 부르실 때 와서 죽으라고 명하신다." 그리스도의 기준이 되는 부르심은 약함과 그 약함을 드러내는 것으로의 부르심이다.

피그미 성도들이 우리를 둘러쌀 때 하나님이 부드럽게 말씀하시는 듯했다. "그들의 약점이 사실은 그들의 힘이란다. 너희에게는 더 이상 있지 않은 힘 말이다. 자신의 약함을 드러내는 것이 곧 기회이다."

그 후 나는 마태복음 25장 31-46절 말씀을 받았고, 우리를 환영하는 그 곳의 피그미 '작은 형제들'을 보며 예수님이 말씀하신 "지극히 작은 자"라는 단어를 떠올렸다. 이제 이 구절들을 좀 더 깊게 나눔으로써 약함을 드러내는 것에 대한 나의 논쟁을 뒷받침하려 한다. 나는 우리의 '필요충족 중심적인' 선교에 도전을 던지며, 지금 일어나는 수많은 아프리카의 일꾼들에게 '가장 자격이 안 되는 이'가 어떻게 가장 강력한 자격을 갖춘 자가 될 수 있는지 보여주고 싶다.

J. 허버트 케인(Herbert Kane)은 「복음 전도의 사역(Work of Evangelism)」에서 복음 전도의 세 가지 주요 유형을 열거한다. 존재(Presence), 선포(Proclamation), 설득(Persuasion)을 통한 복음 전도가 그것들이다. 그는 이 세 가지가 모두 필요하지만 특히 존재와 선포가 있어야 한다고 강력히 주장한다.

존재를 통한 복음 전도를 다른 표현으로 하자면 '성육신적(incarnation) 복음 전도'라고 할 수 있다. 말씀이 육신이 되어 사람들 가운데 사는 것을 말한다. 하나님의 말씀인 그리스도가 육신이 되어 우리 가운데 거하셨다. 도르나칼의 아자라이야(Azariah) 주교는 텔루구 나라의 대규모 운동을 그리스도인들이 보여준 변화된 삶 때문이라고 결론지었다.

"새 신자들이 그리스도인이 되기로 한 가장 큰 이유는 기독교 공동체의 변화된 삶에 있었음을 전세계 모든 선교 단체와 교회가 인정한다."

이 말은 전적으로 나라들의 미래를 바꾸기 위한 존재하는 복음 전도의 능력에 관한 것이다. 세계 복음화의 임무를 오로지 숫자라는 관점에서만 보면 낙담하고 목표를 잃을지 모른다. 우리는 미전도 족속들과 계속 증가하는 세계 인구에 복음을 전하기 위해 더 많은 수의 선교지원자들을 모집해야 하는가? 물론 이것은 과업의 일부이다. 통계와 숫자에 세계적인 권위를 가진 데이비드 바렛(David Barratt)은「우리 지구 - 복음을 전하는 방법(Our Globe and How To Reach It)」과「세계 복음화의 700가지 계획(Seven Hundred Plans To Evangelize the World)」이라는 두 책에서 임무를 완성하기 위해 필요한 숫자와 그에 요구되는 '협력 작용'(전략적으로 함께 일함)에 관해 아주 상세하게 설명한다. 하지만 나는 700개 이상의 계획을 가지고 있다 한들 충분하지 않다고 과감히 말하겠다!

숫자로는 당연히 충분하지 않다. 한 분의 그리스도가 생명을 내어줌으로써 수많은 사람들을 구원하신 본이 있지 않은가! 같은 원리로 어떤 민족을 구원하려면 누군가의 희생적 삶이 반드시 따라와야 한다.

예수님의 작은 형제들

마태복음 25장을 통해 내려놓은 삶이 바로 한 나라를 위한 구속의 기회(또는 심판의 기회)라는 것을 말해주고 있다고 생각한다. 이 구절들을 좀 더 살펴볼 때 이 점이 더 분명해질 것이다.

그리스도는 그의 모든 천사들과 함께 심판의 보좌에 앉으신다. '모든 민족(에뜨노스, ethnos)'이 심판을 위해 그분 앞에 모인다. 어떤 자들은 아버지께 '복을 받아' 하나님 나라에서 그들의 영원한 기업을 취하라는 초대를 받으며, 반면 다른 자들은 저주를 받아 마귀와 그 사자들을 위해 예비된 영원한 불속으로 던져진다. 모두 아주 심각한 일이다. 여기서 '민족'들 전체가 그들은 즉시 인식하지 못했을지 모르지만 인자께 응답할 기회가 주어진다는 점은 상당히 재미있다.

"주여 우리가 어느 때에 … 보고"(이 부분에서 네 번 반복됨).

나는 민족들 전체가 예수님을 영접할 준비가 되어가는 과정에 있으며 비록 그들이 아직 예수님을 온전히 알지 못한다 할지라도 이미 그분께 응답하고 있다고 감히 말하고자 한다. 이것은 내게 세상의 이슬람, 힌두, 불교도들을 향한 큰 소망을 준다. 나는 결코 구원을 희석하거나(행 4:12) 보편 구제설을 너그럽게 봐주려는 것이 아니다. 다만 존재를 통한 전도, 곧 이 세상의 미전도 족속들 가운데 내려놓은 삶들을 통한 복음 전도의 가치를 보는 데 있어 새로운 낙관론을 갖자고 격려하는 것이다.

이제 우리는 이 모든 것에 관련해 아주 중요하고 중추적인 질문에 답해야 한다. 이 구절들에서 무엇이, 아니면 누가 구원 혹은 천벌을 가져오는가?(다시 말하지만 구원은 그리스도께만 있다. 그러나 다양한 '그리스도의 육신된 모습'에 대한 민족들의 반응이 여기서 지극히 중요하다.)

전형적인 대답은 '이 땅의 가난하고 불리한 자들'일 것이다. 많은 구제기관들이 재정을 도와달라고 호소하며 이 구절들을 사용한다. 그 주장은 '가난한 자들을 돕는 것이 바로 그리스도를 돕는 것이다'이며, 이 말을 논리적으로 끌고 가면 구원은 일을 통해 얻어지며 그리스도의 일은 필요와 죄책감을 중심으로 보아야 한다는 결론에 이른다.

하지만 예수님은 "가난한 자들은 항상 너희와 함께 있거니와 나는 항상 함께 있지 아니하리라"(마 26:11)고 말씀하셨다. 가난한 자들은 중요하고 크리스천의 구제는 타당하지만 나는 이 단락의 주된 취지가 우리 크리스천들이 우리의 부요함을 가지고 나가 가난한 자들을 돕도록 격려하는 것이 아니라고 생각한다. 사실 나는 이 단락이 그 반대를 가르친다고 믿는다. 40절과 45절이 그 열쇠를 쥐고 있다. "내가 진실로 너희에게 이르노니 너희가 여기 내 형제 중에 지극히 작은 자 하나에게 한 것이 곧 내게 한 것이니라"(40절).

이 단락은 정말 가난한 자들에 관한 것이다. 그러나 여기서 가난한 자들은 일반적인 가난한 자들이 아니라 예수님의 가난한 형제들이다. 자신들의 주인처럼 자발적으로 '약함'의 길을 선택한 예수님의 형제들이다. 그러면 예수님의 작은 형제들은 누구인가?

먼저는 거듭난 크리스천들, 곧 아버지를 알고 성령과의 개인적인 관계 속에서 동행하는 자들이다. 그리고 나는 '예수님의 형제들'이 또한 특별히 예수님의 혈육 형제인 유대인들을 포함한다고 믿는다. 바울은 로마서 9장 2-4절에서 "나에게 큰 근심이 있는 것과 마음에 그치지 않는 고통이 있는 것을 내 양심이 성령 안에서 나와 더불어 증언하노니 나의 형제 곧 골육의 친척을 위하여 내 자신이 저주를 받아 그리스도에게서 끊어질지라도 원하는 바로라"고 기도한다.

우리도 창세기 12장 3절에서 하나님이 아브라함에게 주신 약속을 기억하는 편이 좋을 것이다. "너를 축복하는 자에게는 내가 복을 내리고 너를 저주하는 자에게는 내가 저주하리니 땅의 모든 족속이 너로 말미암아 복을 얻을 것이라." 이스라엘의 소명은 열방을 위해 구속의 기회가 되는 것이었다.

나는 이스라엘이 단지 교회에 의해 대체되었다고 생각하지 않으며 여전히 특정한 이정표 역할을 유지한다고 믿는다. 각 나라들은 그들이 이스라엘을 어떻게 대하는지 진지하게 평가해 볼 필요가 있다. 하지만 이제 교회 시대가 이르렀으며 이제 '드러내놓은 약함'이라는 선교의 옷을 과감히 입고, 구원의 기회를 세계 열방에 나르는 것은 각 나라들에서 온 예수님의 '작은 자들'의 책임일 것이다.

스스로 가난해지신 그리스도를 따라

진정한 선교는 다른 사람들에게 구속의 기회를 제공함에 관한 일이다. 그것은 강한 자들이 비참하게 사는 가난한 자들을 돕는 것과는 거리가 멀다. 그것은 그리스도의 배고픔, 목마름, 나그네 됨, 벌거벗음, 병듦, 투옥됨에 있어 아주 강하게 그와 동일시하여 우리가 민족들에게 그리스도께 응답할 기회를 주고, 무언가 알 수 없는 방법으로 그들이 그리스도를 좀 더 발견할 수 있도록 하는 것이다.

    그리스도는 우리를 부요케 하시기 위해 스스로는 가난해지셨다. 그분은 자신을 비우셨다. 바울은 "우리가 항상 예수의 죽음을 몸에 짊어짐은 예수의 생명이 또한 우리 몸에 나타나게 하려 함이라 우리 살아 있는 자가 항상 예수를 위하여 죽음에 넘겨짐은 예수의 생명이 또한 우리 죽을 육체에 나타나게 하려 함이라 그런즉 사망은 우리 안에서 역사하고 생명은 너희 안에서 역사하느니라"(고후 4:10-12)고 말했다. 예수님의 생명이 기꺼이 열방에 전시되고 약함을 드러내고자 하는 작은 선교사 형제들의 몸에 나타난다.

"우리가 어느 때에 주께서 주리신 것을 보았나이까"(마 25:37). 예수님 역시 배고픔을 아셨다. "사십 일 동안 … 아무 것도 잡수시지 아니하시니 날수가 다하매 주리신지라"(눅 4:2).

예수님은 또한 손 대접 받는 자리에 자신을 열어두셨다. "삭개오야 속히 내려오라 내가 오늘 네 집에 유하여야 하겠다"(눅 19:5). 이 영역에서 그분이 '드러내놓은 약함'은 삭개오가 회개할 기회를 열어주었다. "오늘 구원이 이 집에 이르렀으니"(눅 19:9) 또한 마리아와 마르다는 손 대접을 통해 예수님과 교제할 수 있었다.

사도 바울은 자신의 선교 경험을 고린도후서 11장 25-30절에서 열거하며 이렇게 말했다. "… 주리고 목마르며 여러 번 굶고…"

배고픔은 일어나고 있는 아프리카 일꾼들에게 아주 실제적인 문제일 수 있다. 예수님은 그분의 제자들 가운데 하나에게 물 한 잔만 주어도 상을 잃지 않을 것이라고 하셨다. 예수님의 배고픈 작은 형제들과 기꺼이 양식을 나누는 자들은 얼마나 더 그러하겠는가? 나는 이것이 내가 누리고 있는 '잘 먹는' 문화에 대한 깊은 도전임을 발견한다. 손님을 대접하는 것이 많은 이슬람교 가정의

특징으로 자리 잡아온 북아프리카에서 수개월을 보내고 나니, 식사 한 끼를 대접받는 것 자체가 누군가에게 생전 처음으로 예수님을 만날 가능성을 제공할 수도 있음을 알게 된다.

나는 우리가 우리 자신을 낮추어 다른 사람들로부터 무언가를 받을 때 구속의 능력이 펼쳐지고 가능성이 열린다고 믿는다. 예수님이 사마리아 여인에게 물을 달라고 부탁하신 다음에 구원이 마을 전체에 이르렀다(요 4:1-42). "우리가 … 그가 참으로 세상의 구주신 줄 앎이라"(요 4:42).

"우리가 어느 때에 주께서 목마르신 것을 보(았나이까)"(마 25:37). 바울은 종종 목이 말랐다. 어떤 아프리카 친구들과 동료들은 감춰진 마을들에 복음을 전하기 위해 한낮의 열기를 견디며 숲을 가로질러 150킬로미터를 넘게 걸어갔다. 그들이 목적지에 도착했을 때 첫 마디가 무엇이었을까 생각해본다. 우리는 아직도 목마른가?

"어느 때에 나그네 되신 것을 보았나이까?"(마 25:38). 진정한 선교사는 나그네 신세를 피할 수 없다. 그들은 새로운 문화와 새로운 언어를 배워야 한다. E. 브루스터(Brewster)는 그의 책「유대감과 선교 임무(Bonding and The Missionary Task)」에서 언어 습득 과정이라는 '약함'은 진짜 약함이 아니라 예수님을 나눌 기회라고 말한다.

첫날부터 사람들과 의미 있는 많은 관계들을 발전시키는 것이 중요하다. 새로 온 사람은 초기에 자신의 필요 및 배우고 싶다는 자신의 바람을 전달해야 한다. 사람들은 무언가를 필요로 하는 사람들을 돕는다! … 이 새 언어습득자들이 첫 3개월 동안 맺게 된 관계들로 30명 이상이 그리스도를 알게 되었다.

그리스도 자신도 낯선 자가 되셨다. "자기 땅에 오매 자기 백성이 영접하지 아니하였으나 영접하는 자 곧 그 이름을 믿는 자들에게는 하나님의 자녀가 되는 권세를 주셨으니"(요 1:11-12). 모든 타문화 선교사에게 기회는 약함을 드러내놓은 낯선 자가 되는 데서 찾아온다.

"어느 때에 헐벗으신 것을 보았나이까"(마 25:38).

사실 대부분의 서구 선교사들에게 이 질문은 선택의 축에 들지 않는다. (아무 옷도 입지 않는 것으로 유명한) 남부 프랑스의 일부 지역에서 해변 복음 전도로의 부르심이 있지 않는 한 말이다! 혹시 피그미 그리스도들은 알 수도 있겠지만. 욥은 "내가 모태에서 알몸으로 나왔사온즉 또한 알몸이 그리로 돌아가올지라"(욥 1:21)고 부르짖었다. 그리스도는 세상에 벌거벗은 아기로 오셔서 십자가 위에서 벌거벗은 사람으로 돌아가셨다. 그분의 벌거벗음은 죄 있는 세상을 은혜로 옷 입혔다. 그분의 벌거벗음은 아담과 하와의 수치를 옷 입힌 예언적인 동물 가죽의 희생이었다(창 3:21).

사도 바울도 "여러 번 굶고 춥고 헐벗었노라"(고후 11:27)고 고백했다. 아마도 유대인 대학살에서 가장 고통스럽고 충격적인 이미지는 가스실 앞에 줄 서있던 수많은 벌거벗은 사람들, 아니면 벌거벗은채 집단 무덤을 이룬 소름끼치는 모습일 것이다.

"어느 때에 병드신 것을 보았나이까"(마 25:39).

수많은 사람들을 치유한 사도 바울에게로 돌아가 보자. 그는 갈라디아 교인들에게 증언하면서 "내가 처음에 육체의 약함으로 말미암아 너희에게 복음을 전한 것을 너희가 아는 바라 너희를 시험하는 것이 내 육체에 있으되 이것을 너희가 업신여기지도 아니하며 버리지도 아니하고 오직 나를 하나님의 천사와 같이 또는 그리스도 예수와 같이 영접하였도다"(갈 4:13-14)라고 말한다. '그리스도 예수와 같이' 라니! 여기서 우리는 다시 한 번 어떻게 바울의 질병과 약함이 갈라디아인들에게 '구속의 기회'가 되었는지 보게 된다.

나는 아프리카에 갈 때 가장 최근에 나온 비싼 말라리아 예방약을 먹을 수 있다. 그러나 아프리카에 있는 나의 많은 동료들은 그 약을 살 수 없어 병이 든다. 사실 병이나 건강이 약한 것은 이제 너무나 흔한 일이 되었다. 마지막 영혼의 수확을 위해 일할 제십일 시 일꾼들 가운데 에이즈 환자는 얼마든지 있을 수 있다.

"중앙아프리카의 어떤 마을과 도시들에는 청년들의 3분의 1까지도 감염된 것으로 추측한다. 몇몇 병원에서는 100파인트의 피

중 8에서 23파인트(1파인트는 약 500ml-옮긴이)가 에이즈에 감염되어 있다고 한다. 한 구제 기관은 중앙아프리카에서 철수하는 것에 관해 비공식적으로 "대부분의 사람들이 몇 년 안에 죽을 텐데 우물을 더 파는 것이 무슨 의미가 있습니까?"라고 말했다. 세계보건기구는 1994년 초까지 900만 명이 감염되었다고 말한다.

1991년에 내가 신뢰하는 동료 한 명은 그가 사는 아프리카 도시에서 평균 한 달에 한 번씩 에이즈 환자의 장례식에 참석하지 않는 가족을 찾기가 어려운 것 같다고 말했다. 아프리카에서는 에이즈를 '슬림(slim, 마른, 홀쭉한) 병'이라 부른다. 소아 병동은 '죽어가는 아이들로 가득 차' 있다. 이들 중 많은 수가 한 살이나 두 살 미만이다. 많은 아이들이 기근이 아니라 에이즈로 죽어가고 있다. 끔찍한 비극은 많은 수가 어머니 태에서 바이러스에 감염된 것이 아니라 소독하지 않은 바늘을 통해 바이러스를 받았다는 사실이다.

이미 중앙아프리카공화국에서 12년 전부터 함께 사역해온 나의 가장 소중한 동료 몇몇이 에이즈로 죽었다.

에이즈는 하나님으로부터의 저주인가, 아니면 열방의 반응을 요구하는 전 세계의 기회인가? 물론 하나님은 질병을 싫어하신다. 나 역시 에이즈를 미화하고 싶은 마음이 없다. 하지만 그 병이 가져오는 '약함'은 다른 이들에게는 '구속의 기회'가 될 수 있다. 우리는 이사야 53장 4-5절에서 고통당하는 종인 주 예수님이 치유를 가져오기 위해 우리의 병을 자기 자신 위에 짊어지실 때 이 점을 분명히 본다. "그는 실로 우리의 질고를 지고 우리의 슬픔을 당하였거늘 … 그가 채찍에 맞음으로 우리는 나음을 받았도다."

"어느 때에 옥에 갇히신 것을 보았나이까?"(마 25:39).

'문이 닫힌 나라'의 복음 전도를 위해서는 얼마나 좋은 기회인가! 중국, 모로코, 러시아, 파키스탄에 있는 많은 예수님의 작은 형제들은 사도 바울처럼 감옥의 경험을 안다. 사도 바울은 "수고를 넘치도록 하고 옥에 갇히기도 더 많이 하고 매도 수없이 맞고 여러 번 죽을 뻔하였다"(고후 11:23).

얼마나 많은 이교도 사람들이 이런 믿음의 영웅들에게 친절을 보임으로써 구속의 기회를 얻었는지, 아니면 그들을 잔인하게 대함으로써 자신들의 타락을 확증했는지 누가 알겠는가? 옥에 갇힌 그러한 작은 형제들은 진정 시대들을 거쳐 오며 '승리의 행렬' 속에 그리스도를 따라왔다. 그들의 드러내놓은 약함과 깨어짐은 계속 확산되었다.

"각처에서 그리스도를 아는 냄새를 나타내시는 하나님께 감사하노라 우리는 구원받는 자들에게나 망하는 자들에게나 하나님 앞에서 그리스도의 향기니 이 사람에게는 사망으로부터 사망에 이르는 냄새요 저 사람에게는 생명으로부터 생명에 이르는 냄새라 누가 이 일을 감당하리요"(고후 2:14-16).

이런 신비한 진리에 대해 독단적이기는 어렵지만, 선교의 수고에서는 용기를 내어 약함을 드러내야 한다고 감히 결론짓겠다.

아프리카와 지구 남반구에서 일어나는 새로운 선교 군대들은 이 영역에서 서구 선교사들보다 확실히 유리하다. 그들의 약함 때문에 결코 자격이 없는 것이 아니다. 그것이 오히려 강점인 것이다. 하나님은 그분의 사랑이 육신이 된 이 구속의 실체를 열방에 알려 주기 위해 누군가가 팔을 걷어붙이기 원하셨다. "누가 진정 이 일을 감당하겠는가?"

실로 연약한 육신을 입고 오신 그리스도만이 그 사역을 온전히 감당하실 수 있다. 그분은 그분의 교회로 하여금 이 적대적인 세상을 향해 그분과 함께 '연약함의 여정'으로 대응하도록 우리를 부르신다. '들어가는 글'에서 쓴 바와 같이 이 책의 공인된 목적은 "기도를 권장하고, 선교를 일으키며, 하늘을 여는 것"이다. 그리스도와 연합하여 그 연약함으로의 부르심에 굳게 서서 십자가를 끌어안는 것만이 여러 갈래의 가닥들을 꼬아 하나의 줄로 만들어 갈 것이다.

하늘은 깨어진 자들만이 열 수 있나니….

Chapter 12
옥합을 깨뜨리는 법을 배우라

여태까지의 여정을 다시 정리하며, 나는 기도의 삶, 그리고 하나님과 친밀한 삶을 살기로 헌신함으로써 '하늘을 열라'고 당신을 격려하고 싶다. 그리고 내가 가장 좋아하는 성경 구절인 마가복음 14장 9절로 작별인사를 대신한다. 이 구절은 이미 "가장 좋은 것을 선택하라"는 장에서 언급한 바 있으나 이 구절을 통해 개인적인 친밀함이 어떻게 온 세상에 영향을 미칠 수 있는지 다시 한 번 강조하고 싶다.

"내가 진실로 너희에게 이르노니 온 천하에 어디서든지 복음이 전파되는 곳에는 이 여자가 행한 일도 말하여 그를 기억하리라 하시니라".

선교의 동기와 복음의 정신

친밀함과 선교는 아주 밀접하게 연결되어 있다. 친밀함은 선교의 근원이요 동기이다. 예수님이 "내가 진실로 너희에게 이르노니"라고 말씀을 시작하셨다고 해서 그 전에는 거짓말을 하고 계셨다고 말할 수 있는가? 그렇지 않다! 그 말씀이 특별히 중요함을 강조하신 것이다. 그분의 말씀은 온 세계 모든 나라에 복음을 전하라는 배경을 마련하기 때문에 세계적이고 세대를 뛰어넘는 영역에 걸친다. 예수님이 '복음', '전파', '천하' 등 선교에서 보통 반복되는 단어들을 사용하실 때는 우리도 친근감을 느낀다. 그런데 그분은 갑자기 '이 여자가 행한 일도 말하여'라고 여자를 언급하시며 그 분위기를 깨신다!

도대체 하찮은 한 여인이 선교와 무슨 상관이 있는가! 선교는 분명 예수님을 위해 온 세상을 '식민지로 만든' 이전의 백인 남성 영웅들 하고만 상관 있지 않은가! 왜 여자를 끌어들이는가?

예수님은 우리의 복음에 무엇인가를 더해야 한다고 말씀하시는가? 복음은 예수님의 탄생, 기적을 행하신 그리스도의 죄 없는 삶, 십자가에서 우리를 대신하신 죽음, 그리고 그분의 영광스런 부활에 관해 내용이다. 그러나 지금 예수님의 발 앞에 무릎 꿇었던 베다니의 이 여인이 있다!

내가 그동안 보아온 전도용지에는 이 여인의 이야기는 없었다. 물론 성경이 많은 언어로 번역됨에 따라 이 여인의 이야기가 널리 알려지긴 했지만 말이다. 그렇다면 나는 왜 이 여인에 관한 이야기를 하는가?

이에 대한 답을 하기 전에 고백할 것이 하나 있다. 나는 선교와 애증관계에 있다. 나는 선교 역사의 어떤 측면은 아주 싫어한다. 비록 많은 경건한 선교사들이 그들이 섬겨온 사회에 긍정적인 변화를 주긴 했지만, 슬프게도 어떤 선교사들은 교만이라는 위험하고 파괴적인 영으로 함께 살던 사람들의 문화를 완전히 무시하기도 했다. 그들은 지각도 없고 배려도 없이 타문화로 침입해 들어가서, 그 문화를 자신들의 더 우월하고 잔인하기까지한 서구 방식으로 '문명화' 하는 것을 사명으로 삼았다.

토착민의 삶은 물질적 능력으로 옷 입은 백인 선교사의 신적 우월함에 비하면 하찮은 것이었다. 종교의 이름 아래 사람들은 노예가 되었고 자원은 약탈 당했다. 이런 교만의 영은 종으로 오신 예수님과는 완전히 반대되는 영이었다. 예수님은 '케노시스 (kenosis)', 곧 '자기 자신을 비워', 아무 것도 아닌 이가 되신 분이었다.

또 어떤 이들은 이윤을 얻으려 하나님의 말씀을 팔며 세상으로 들어갔다. 그들은 비뚤어진 옛 발람 선지자의 영을 가지고서, 복음을 재정의 소득을 위한 수단으로 사용했다. 제자를 만들기 위해 치러야 할 대가는 전혀 없이 온갖 '기적' 의 공식들을 발명하여 필사적으로 생명줄을 찾는 사람들에게서 자금을 수거한다. 그들은 참된 '샬롬'의 언약을 '빨리 부자가 되는' 주문으로 왜곡하기도 한다.

그러면 우리의 선교 열정 배후에 있는 영은 무엇인가? 교만인가, 이기적 야망인가, 물질의 소득인가, 아니면 자신의 영광인가? 선교를 '하는' 것으로 끝나서는 안 된다. 선교가 '되어야' 한다. 이것이 바로 예수님이 올바른 마음의 중심을 강조하신 이유이다.

그러면 예수님은 복음에 무언가를 '더하길' 원해서 이 여인의 이야기를 하셨는가? 더하기 원하셨던 것이 아니라 선교의 올바른 동기를 강조하기 원하셨다. 이 여인은 온 세상에 복음을 전파하는데 있어 예수님이 원하셨던 바로 그 선교의 정신을 상징한다. 이것은 마치 예수님이 "이 여인처럼 가지 못한다면 제발 그냥 있어다오!"라고 말씀하시는 것과 같다.

A. B. 브루스(Bruce)는 「열두 제자의 훈련(Training of the Twelve)」에서 이같이 말한다.

> 다른 말로 하면, 옥합을 깨뜨린 일은 예수님이 십자가에 죽으심으로써 행하신 사랑의 행위의 상징으로 채택될 만한 가치가 있음에 틀림없다. 복음이 전파되는 모든 곳에서, 향유를 부은 이 이야기는 예수님으로 자기 목숨을 버리게 한 바로 그 영, 또한 신실한 신자들의 삶에서 드러

나는 기독교 정신을 가장 잘 설명한 것으로 높이 평가된다.

복음을 설교하는 많은 사람들이 복음의 참된 정신에서 멀어졌고, 더욱이 이 여인과는 절연되었음은 참으로 슬픈 사실이다.

예수님은 이 여인이 선교의 중심 자체를 집약하여 보여준다는 점을 강조하셨다. 그는 자신을 따르는 자들에게 "이 여자가 행한 일"을 유심히 살펴보라고 권면하셨다.

이 여자가 행한 그 일은 무엇이었는가? "한 여자가… 옥합을 깨뜨려 예수의 머리에 부으니"(막 14:3).

여기서 '깨뜨리다'와 '붓다'라는 두 동사를 유의해서 보라. 선교는 깨어짐의 영과 예수님을 중심으로 하는 예배 안에서 이루어져야 한다. 희생적인 사랑과 친밀함의 영에서 출발해야 한다. 때로 돈으로 가난한 자들을 돕는 일이 선교의 전부인 것처럼 보일 때가 있다. 선교가 '예수주의'라기 보다는 인본주의에 가깝고, 궁극적인 해결이신 분에 대한 축제라기보다는 엄청난 인간의 필요와 문제에 관한 것처럼 여겨질 때가 있다.

물론 가난한 자들을 돕는 일도 타당하다. "가난한 자들은 항상 너희와 함께 있거니와"(마 26:11). 그러나 선교는 반드시 예수님께만 계속 초점을 둠으로써 인본주의에 의해 희석되지 않도록 해야 한다.

우리의 삶 속에 이 여자가 필요하다

선교 활동은 때때로 매일 맞이하는 우리 삶의 현실과는 멀리 동떨어진 개념처럼 보일지 모른다. 선교는 비행기와 비자와 이국땅과 다른 언어들에 관한 것이고, 선교사들은 인류학을 공부하고 적도 숲속에서 피그미족과 함께 곤충을 잡아먹으며 말라리아 열로 땀 흘리는 특별한 족속이라는(내 삶의 일부가 사실 이렇기는 하다!) 개념 말이다.

그러나 이 '동떨어짐'은 선교의 아주 작고 특수화된 부분에 불과하다. 이 '여자'는 선교가 모두에게 가능한 선택임을 보여준다. 최근 나는 다음 두 인용문을 접하게 되었다.

> 작년에 했던 말은 작년의 언어에 속하며, 내년에 할 말은 또 다른 목소리를 기다린다. - 리틀 기딩(Little Gidding)

> 억압받는 여성은 말하고 싶어 한다. 그리고 그녀의 목소리를 들을 때 우리는 모두 자기 자신을 발견할지 모른다. - T. S. 엘리엇(Eliot)

선교의 새로운 목소리가 들려오기 시작하고 있다. 지금까지는 많은 부류의 사람들의 목소리와 은사와 노력이 억압당해왔다. 여기서 분노나 쓴 감정으로 뒤를 돌아보자는 말은 아니다. 이제는 남녀노소, 모든 인종이 참여하는 선교의 새로운 친숙한 목소리를 기대할 때가 되었다. 그리고 이 정신을 온전히 이해하려면 마가복음 14장 3-9절 본문으로 다시 돌아갈 필요가 있다. "예수께서 베다니 나병환자 시몬의 집에서 식사하실 때에."

세상을 바꾼 이 사건은 '식탁'이라는 매우 좁은 범위를 배경으로 한다. 예수님이 하신 사역이 아주 많은 부분에서 그러하듯, 중요한 사건들은 강대상보다는 식탁에서 더 많이 일어났다. 식사를 마련하는 사역은 귀중한 사역이다. 천사들의 주의를 끌지 않는가! 나병환자 시몬은 많은 사람에게 버림받은 억눌린 자였을 것이다. 그러나 예수님은 하나님나라를 시작하는 배경으로 겸손하게 그의 집을 선택하셨다.

"… 한 여자가 매우 값진 향유 곧 순전한 나드 한 옥합을 가지고 와서 그 옥합을 깨뜨려 예수의 머리에 부으니."

이 여자가 한 일이 무엇이었는지 재발견한다. 이 여자의 행위는 바로 선교 정신의 구현 그 자체였다. 사도 바울처럼 우리 모두는 보물을 깨지기 쉬운 토기에 담고 있다. 우리는 완벽하고 번지르한 겉모습으로 우리의 진흙됨을 포장하지 말고, 우리를 깨뜨리고 열어서 그 안에 담긴 보물을 드러내야 한다. 이 여인의 부서진 옥합에 담긴 보물은 값진 향유였다. 그것은 일단 깨져서 쏟아지면 다시는 주워 담을 수 없는 것이었다. 사랑하여 끼어들은 여인의 예언적인 행위는 세 가지로 우리에게 가르쳐준다.

여인은 예배로 옥합을 깨뜨렸다

유명한 선교사이며 작가인 존 파이퍼(John Piper)는 "선교는 예배로 시작하고 예배로 끝난다"라고 말한다.

우리는 종종 신약에서 마태복음 28장 18-20절을 인용한다. "예수께서 나아와 말씀하여 이르시되 하늘과 땅의 모든 권세를 내게 주셨으니 그러므로 너희는 가서 모든 민족을 제자로 삼아 아버지와 아들과 성령의 이름으로 세례를 베풀고 내가 너희에게 분부한 모든 것을 가르쳐 지키게 하라 볼지어다 내가 세상 끝날까지 너희와 항상 함께 있으리라 하시니라."

우리는 이 구절을 선교 명령의 근본이 되는 말씀 중 하나로 여긴다. 그리고 이 '지상명령'을 인용할 때는 종종 '가라'는 동사로 시작하여 인용한다.

그러나 그것은 이야기 전체가 아니며 적절한 시작점도 아니다. 동사를 강조하면 죄책감이나 두려움에 의해 나갈 수 있다. 마치 성난 설교자가 채찍이나 군화발로 당신을 선교지로 '가라'고 몰아내서 나가게 되는 위험이 있다. 죄책감이나 두려움에서 비롯된 수고의 열매는 오래 가지 못한다. 어쩌면 한 절 더 위로 올라가 "모든 권세"라는 말로 시작해야 한다고 할지도 모르겠다.

자, 이제 소리가 점점 커지고 벌써 교회 서까래가 흔들거림이 느껴진다. 주의하라! 이때의 권세 있는 사가 오고 있다! 우리는 마귀를 쫓아내고 예언을 하고 기적을 행할 준비가 된 복음의 군대로서 스스로 출발한다. 그러나 카리스마적인 문화제국주의라는 새로운 형태의 제단에 예수님과의 친밀감을 희생시켜 버렸는지 모른다. 이 시작 역시 이야기 전체는 아니었다.

진정한 출발점은 좀 더 올라가 17절을 보아야 한다. "예수를 뵈옵고 경배하나 아직도 의심하는 사람들이 있더라."

선교는 예수님을 깊이 깨달음에서 시작했다. 그들은 부활하신 주님을 보고 경배했다. 선교는 필요나 의무나 혹 문화적 제국주의가 아니라 예배에서 시작한다.

나는 '의심하는' 약한 모습도 좋아한다. 종종 의심은 더 깊은 진리로 우리를 이끈다. '다 아는' 자신만만한 자들을 나는 오히려 경계한다. 17절의 사람들은 육체의 부활이라는 현실을 부여잡고 그 현실을 세상에 가지고 가라는 부탁을 받은 몇 안 되는 소수의 사람들이었다. 그들의 의심은 그들을 믿는 예수님의 신뢰를 더 빛나게 하고 있다.

저명한 선교학자 데이빗 보쉬(David Bosch)는 이 약한 모습에 관해 이렇게 서술한다.

> 제자들의 의심은 그들의 경배와 이상하게 나란히 놓인다. 똑같은 동사 두 개가 마태복음 14장 31-33절에서 밀접히 연결되어 있다. 마태는 점점 적대적이 되어가는 유대인들과 아직도 이질적인 이방인들 사이의 경계선상에서 자신의 정체성을 정의하기 어려워하며 변경에서 살

고 있는 자신의 공동체 일원들을 바라보면서, 그들이 지금 살고 있는 시리아에서 국경만 넘으면 있는 갈릴리의 어느 산기슭에 있던 단순하고 다소 어리둥절해 하던 일단의 무리를 상기시킨다. 그리고 자기 공동체에게 선교란 결코 자신감에서 일어나는 것이 아니라 우리 자신의 약점을 아는 데서, 곧 위험과 기회가 만나는 위기의 지점에서 일어난다는 사실을 알리고 싶어 한다. 마태의 크리스천들은 처음 제자들처럼 예배와 의심, 믿음과 두려움 사이의 변증적인 긴장 상태에 서 있다(변화하는 선교〔Transforming Mission〕 p. 76).

또한 성경의 마지막 책, 요한계시록 7장 9-12절을 보면 모든 나라들이 경축하는 놀라운 결론을 볼 수 있다. "이 일 후에 내가 보니 각 나라와 족속과 백성과 방언에서 아무도 능히 셀 수 없는 큰 무리가 나와 흰 옷을 입고 손에 종려가지를 들고 보좌 앞과 어린 양 앞에 서서 큰 소리로 외쳐 이르되 구원하심이 보좌에 앉으신 우리 하나님과 어린 양에게 있도다 하니 모든 천사가 보좌와 장로들과 네 생물의 주위에 서 있다가 보좌 앞에 엎드려 얼굴을 대고 하나님께 경배하여 이르되 아멘 찬송과 영광과 지혜와 감사와 존귀와 권능과 힘이 우리 하나님께 세세토록 있을지어다. 아멘 하더라."

그러니 신약의 선교는 정말 예배로 시작하여 예배로 끝난다. 우리 개인의 선교도 각자의 작은 마음의 옥합을 깨뜨리는 예배의

친밀함에서 시작하기를!

여인은 기도로 옥합을 깨뜨렸다

"내게 구하라 내가 이방 나라를 네 유업으로 주리니 네 소유가 땅 끝까지 이르리로다"(시 2:8).

우리는 기도로 세상을 여행할 수 있으며, 아무리 능력 없는 자라도 기도는 평생 천직으로 삼을 수 있다. 우리는 모두 아버지의 명령에 순종하는 아들, 딸들로서 열방을 위해 무릎으로 선교하는 자들이 될 수 있다.

옥합에서 피어오르는 향이 예배였다면, 그것은 또한 기도이기도 했다. 향기로운 향은 종종 기도를 표현하는 상징이다. "또 다른 천사가 와서 제단 곁에 서서 금 향로를 가지고 많은 향을 받았으니 이는 모든 성도의 기도와 합하여 보좌 앞 금 제단에 드리고자 함이라 향연이 성도의 기도와 함께 천사의 손으로 부터 하나님 앞으로 올라가는지라"(계 8:3-4).

기도는 응답을 뜻한다. "내 이름으로 무엇이든지 내게 구하면 내가 행하리라"(요 14:14).

타협 없고 믿음을 격려하는 이 구절은 기억하기도 아주 쉽다. 14가 둘이 아닌가! 또한 요한복음이 네 번째 복음서이니 41414라는 기도 공식을 낼 수도 있겠다. 이 강력한 기도의 약속을 당신 자신에게 선포하며 당신의 것으로 삼으라.

마태복음 7장 7절도 또한 우리에게 구하라고 분명하게 명하고 있다. "구하라 그리하면 너희에게 주실 것이요"

하나님께서는 친밀함과 선교의 열쇠로서 기도를 사용하기를 간절히 원하신다. 또한 우리가 자신의 필요와 문제들을 보는 눈을 돌려, 하나님의 아들의 아름다움을 바라보고, 열방을 향한 그분의 마음의 소리를 듣기 원하신다.

여인은 희생으로 옥합을 깨뜨렸다

본회퍼(Bonheoffer)는 「나를 따르라(The Cost of Discipleship)」에서 다음의 유명한 말로 희생의 삶이 십자가 중심의 거룩한 삶임을 이렇게 요약하여 표현한다.

> 그리스도가 사람을 부르실 때는 와서 죽으라고 부르신 것이다. 그것은 그리스도를 따르기 위해 가족과 일터을 버려야 했던 초대 제자들의 죽음일 수도 있고, 혹 수도원을 떠나 세상으로 나가야 했던 루터의 죽음일 수도 있다. 모두 동일한 죽음이다. 예수 그리스도 안에서의 죽음, 그의 부르심에 옛 사람이 죽는 그 죽음이다.

여인은 옥합을 깨뜨렸을 때 예수님의 사랑에 직감적으로 반응하고 있었다. 그녀는 마지못해 작은 예물을 드린 것이 아니라 기쁜 마음으로 후하고 분에 넘치도록 자신을 내어드렸다. 이 여인이 기꺼이 내어드린 귀중한 향유를 두고, 어떤 이들은 그것이 그녀가 평생 모은 재산을 의미한다고 하고, 또 심지어 혼인 지참금이었을 가능성도 있다고 한다. 그렇게 보면 그녀는 자신의 결혼을 포기했다는 의미일 수도 있다. 여인은 자신이 사랑하는 신랑, 예수님과의 더 깊고 영원한 친밀함을 위해 이 땅에서의 육체적 결혼이 주는 즉각적이고 시간 제한적인 친밀함을 희생한 것이다.

사랑하는 대상을 위해 역경을 견뎌내고 짐을 지는 것은 사랑의 의무일 뿐 아니라 사랑의 기쁨이기도 하다.

요한계시록은 하나님이 앉으신 보좌의 중심에 죽임 당한 어린 양이 계심을 보여준다. 이 사랑의 상처 자국은 결코 슬픔이나 눈물 젖은 절망의 상처가 아니라, 예배와 축연의 상징, 곧 "각 족속과 방언과 백성과 나라 가운데에서 사람들을 피로 사신"(계 5:9) 상징으로 변화된다.

브릿지스와 쓰링(Bridges and Thring)은 '면류관 가지고(Crown Him with many Crowns)'라는 멋진 찬송에서 이러한 희생의 신비한 아름다움을 잘 묘사한다.

> 면류관 가지고 주 앞에 드리세
> 그 손과 몸의 상처가 영광 중 빛나네
> 하늘의 천사도 그 영광 보고서
> 고난의 신비 알고자 늘 흠모하도다

세기를 거쳐 하나님의 사람들은 베다니의 마리아를 본받아 가깝고 먼 여러 선교지에서 자신들의 삶을 분에 넘치는 희생으로 예수님의 발 앞에 내어드렸다. 그들 역시 하늘에서 자신들의 상처자국을 빛나는 승리의 면류관으로 안고 있을 것이다.

본회퍼를 다시 인용하면, 깨지기 쉬운 옥합이 산산 조각으로 부서짐은 우리가 사랑하는 예수님의 모습을, 그리고 참된 희생의 친밀함의 약속을 떠오르게 한다.

> 자기 부인이란 결코 고립된 금욕 행위나 고행이 아니다. 자살도 아니다. 자살에도 자기 의지의 요소가 있기 때문이다. 자신을 부인한다 함은 오직 그리스도만을 생각하고 자신은 생각하지 않는 것이다. 앞서 가신 그분만을 보고 우리 앞에 놓인 힘든 길은 더 이상 보지 않는 것이다. 다시 말하면, 자기 부인에서 나올 수 있는 말은 '그가 길을 인도하시니 그에게 가까이 하라'는 말뿐이다.

우리 자신의 옥합도 기쁘게 깨뜨리자

그러므로 "온 천하에 어디서든지 복음이 전파되는 곳"에서는 친밀함의 영으로 예배와 기도와 희생이 행해져야 한다.

기꺼이 허비하라. 진정으로 예배와 기도와 희생의 영을 가지고 당신의 삶을 깨뜨려 예수님을 따르려 할 때, 분명이 대적으로부터 두 가지 반론을 듣게 될것이다. 심지어 당신에게 아주 가까운 그 사람들로부터 이런 반대가 틈타고 들어온다. "어떤 사람들이 화를 내어 서로 말하되…"(막 14:4).

"어찌하여 이 향유를 허비하는가"(막 14:4).

허비한다는 첫 번째 비난은 아주 흔하다. 이 비난은 예수님보다 세상을 더 사랑하는 사람들, 혹은 자신들의 어둡고 꽉 막힌 교리의 좁은 한계 안에 갇혀, 예배의 대상이신 분보다 예배의 형식에 더 관심을 가지는 종교적인 바리새인들로부터 나올 만하다.

헌신된 사람들이 예수님 중심의 사역을 하는 것을 보며 인도주의자들이 조롱하는 것은 정상이라 하겠다. 하지만 심지어 예수님의 헌신된 제자라고 하는 사람들도 긴 시간의 예배를 못마땅하게 생각하는 경우가 있다. 그리고 교회의 의식들과 주기도문등을 대수롭지 않게 여기는 사람들은 밤낮을 금식과 중보에 '허비' 하는 자들을 이해하기 어려울 수도 있다.

몸을 사리며 최소한의 헌신으로 만족해하는, 교회나 비영리단체에 속한 사람들 또는 그곳에 '고용된 사람들'은 잃어버린 영혼들을 찾아 신체의 위험이나 생명까지도 던지는 것을 무모한 어리석음이라 여길지도 모른다.

불행히도 오늘날 사역의 리더 자리를 기도자나 예배자, 혹은 실제 일을 하는 사람이 맡기보다는 재무담당자나 회계사가 맡는 경우가 많다. 그러므로 우리는 '예수님 중심'이 아니라 '숫자 중심'으로 슬쩍 미끄러져 들어갈 확률이 높다. 넘치도록 하늘에 올려드리는 값비싼 투자의 장엄한 아름다움보다는 "삼백 데나리온 이상에 팔아 가난한 자들에게 (준다)"는 실용주의가 주위에 만연하다.

이제 대적으로부터 나오는 두 번째 독 있는 가시를 살펴보자. 이 두 번째 비난은 여러 가지로 변장되어올지 모르지만, 본질적으로 현재의 거룩한 내어드림에서부터 당신을 유인하여 상상이 그려내는 미래의 약속 및 가능성의 가상 세계로 데려가려 할 것이다. "…줄 수 있었겠도다."

어떤 이들은 예수님을 위해 자신들의 옥합을 깨뜨리는 현실적이고 지금 해야 하는 기회를 미루고, 결코 오지 않을 그저 가능성만 있는 미래의 시나리오를 위해 자신을 아껴둔다.

"이름 없는 선교사가 되는 대신 축구선수가 될 수 있었을 텐데… 성공적인 은행가가 될 수도 있었을 텐데…왕자에게 시집갈 수도 있었을 텐데…"

"그럴 수 있었을 텐데"의 교활한 후회에 붙들리지 말고, 예수님을 위해 진짜 "그럴 수 있었을 텐데"의 기회를 잡으라. 예수님을 위해 내어드릴 현재를 결코 놓치지 말라.

오늘의 선교에는 장엄함이 필요하다. 다윗은 하나님 앞에서 과감하게 춤췄던 장엄한 전사였다. 그의 시편들은 하나님의 마음으로 가까이 걸어 들어간 사람의 넘치는 열정과 거친 열망으로 가득 차 있다. '값비싼 사치' 보다 더 숭고한 이름인 ' 장엄함' 은 참된 사랑의 불변하는 속성이다. 다윗은 이것을 인식했기에 대제사장직의 취임에 성결케 하는 기름으로 아낌없이 붓는 아론의 기름부음을 들어서 그것을 형제애의 표상으로 삼았다. 베다니에서 일어났던 기름부음뿐 아니라 다윗이 선택한 이 기름부음에도 '낭비' 가 있었다.

우리는 대적의 이런 모진 비난들을 무시하고, 예수님으로부터 힘을 얻고 그가 직접 선포하신 사랑과 진리로 우리 마음에 격려를 얻어야 한다. 예수님은 '비난하는 자들' 을 꾸짖으셨다. "예수께서 이르시되 가만 두라 너희가 어찌하여 그를 괴롭게 하느냐" (막 14:6).

당신이 당신의 성실함 때문에 괴롭힘을 당하고 있다면, 지금 이 말이 권위를 가지고 당신에게 임하게 하라. 예수의 이름으로 모든 괴롭히는 생각과 비난과 사건들은 떠날지어다!

그리고 향기를 내는 예수님의 친구들 모두에게 주시는 그분의 칭찬을 받으라. "그가 내게 좋은 일을 하였느니라" (막 14:6).

선교는 예수님께 아름다운 일이다. '인도주의' 는 아무나 현찰만 조금 있으면 할 수 있다. "가난한 자들은 항상 너희와 함께 있으니 아무 때라도 원하는 대로 도울 수 있거니와" (막 14:7). 그러나 열방 가운데 그리스도의 죽음과 부활을 높이 올리는 일의 진정한 가치를 발견하는 사람들은 신실한 몇 명이다.

이제 결론을 맺으며 잠시 함께 상상해 보자. 성전에서 섬기던 나이 많은 제사장 하나가 속죄일에 예루살렘으로 걸어 올라가고 있다. 그는 엄청 흥분된 군중이 모여 있는 어느 언덕 중턱에 다다른다. 올려다보니 잔인한 로마 십자가 처형의 비극적인 장면이 눈에 들어온다.

'그런데 소리치는 군중 앞에 벌거벗기고 매 맞아 피 흘리며 달려 있는, 가운데 십자가의 저 사람은 누구지?'라고 그는 생각한다. "아니 예수잖아… 이런 비극이! 아름다운 열두 살의 소년이었을 때 성전에서 그 지혜와 통찰력으로 우리를 당황케 하고 놀라게 했던 기억이 나는데. 저렇게 상하고 욕보인 채 십자가에 달리다니… 이렇게 허무할 수가!"

그는 저만치 슬프게 걸어가며 생각에 잠긴다. '그는 아주 오래전부터 언약된 자, 메시아일 수도 있었는데….'

정말로 그는 모두가 기다리던 왕, 곧 적들을 쫓아내고 모두가 바라던 이스라엘의 '황금기'를 가져올 메시아 "일 수도 있었을 텐데." 사실 그는 메시아였다. 다만 그들의 생각대로가 아니었을 뿐이다. 그는 부서지기 쉬운 옥합 같은 자신의 순전한 삶을 잔인한 십자가에서 깨트림으로써 이스라엘뿐만 아니라 온 열방이 아름다운 구속의 향기를 마음껏 맡으며 기뻐하도록 흘려보냈다.

이것이 진정 친밀함의 능력이다.

이 마지막 장에서 희생이라는 향기로 십자가를 선포하고, 참된 부활의 여정의 새 시작을 말씀으로 선포함으로 나는 마지막에 왔다. 지금까지 나와 함께 이 여정을 동행하며 내 꿈의 일부를 함께 나눠주었음에 감사드린다.

이제는 당신의 꿈을 나누고 당신의 하늘을 열 차례이다.

앵커출판은 모든 민족 모든 언어에게 올바른 방향을 제시하며 하늘의 소식을
전하는 출판 미디어의 마지막 주자의 사명을 다하기 원합니다.